WIRTSCHAFT

EINFACH VERSTEHEN!

Text:
Lara Bryan und Andy Prentice

Illustrationen:
Federico Mariani

Wirtschaftswissenschaftliche Beratung:
David Stallibrass und Pedro Serôdio

Gestaltung: Jamie Ball und Freya Harrison

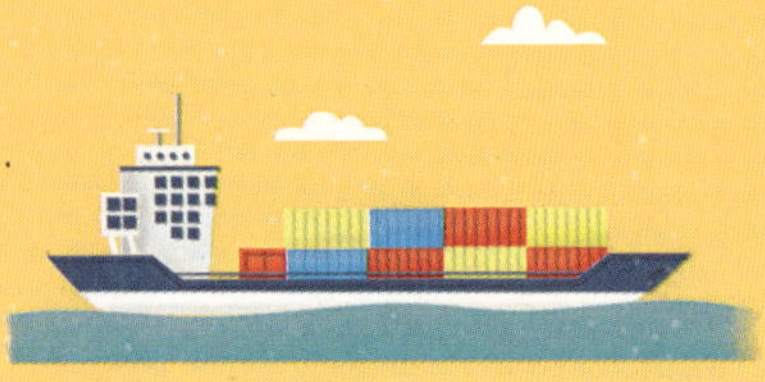

Inhalt

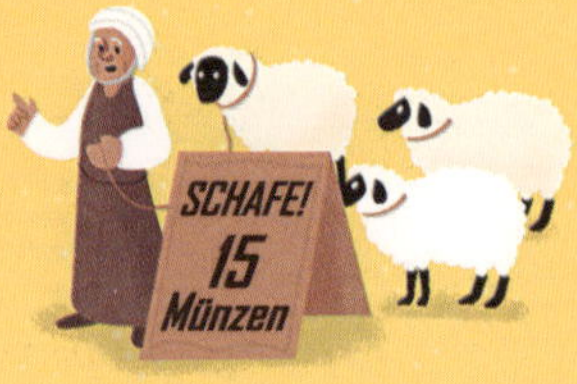
SCHAFE!
15
Münzen

In diesem Buch erfährst du viel Nützliches und Wissenswertes über Wirtschaft und Ökonomie. Es gibt aber auch jede Menge kuriose und unnütze Fakten zu diesem Thema. Zum Beispiel:

- Auf den Caymaninseln gibt es zwar nur 60 000 Einwohner, dafür aber über 200 000 „Briefkastenfirmen“ – weil die Steuern so niedrig sind.
- Nach Erdöl ist Kaffee der am meisten gehandelte Rohstoff der Welt.
- Der Mineralölkonzern Shell ging aus einem 1833 in London gegründeten Kuriositätengeschäft hervor, das vor allem mit schönen Muscheln handelte.

Was bedeutet „Wirtschaft“?

Manche Menschen denken, dass es in der Wirtschaft – man sagt auch Ökonomie – nur um Geld, Banken und sehr komplizierte Diagramme geht. Doch eigentlich ist es viel einfacher, denn oft geht es hauptsächlich darum, **Entscheidungen zu verstehen**.

Stell dir vor, es gibt zwei Schokoladentörtchen und zwei Ananastörtchen. Da ihr zu viert seid, kann jeder ein Törtchen haben. Aber wie teilt ihr die Törtchen auf?

Wer möchte Schokolade? Wer möchte Ananas?
Ähm, wir wollen alle Schokolade!
Jetzt müssen deine Freunde und du gemeinsam entscheiden, wer welches Törtchen bekommt.
Die Menschen bekommen niemals genau das, was sie wollen. Sie müssen sich also für etwas entscheiden, um das Vorhandene so aufzuteilen, dass alle zufrieden sind.
Darum geht es in der Wirtschaft.
Lasst uns die Törtchen in der Mitte durchschneiden. Dann sind wir alle zufrieden.

Wenn es von einer Sache nicht genug gibt, dann ist sie **knapp**. Knappheit ist ein wichtiges ökonomisches Konzept. Sie zwingt die Menschen dazu, Entscheidungen zu treffen. Du wirst dich wundern, wie oft du dich entscheiden musst, weil etwas knapp ist.

Tomatenketchup kann knapp sein.
Ich brauche den Ketchup für meine Pommes.
Und ich für meinen Hamburger!
Für die meisten Menschen ist Geld knapp.
Ich will einen neuen Computer.
Ich will ein neues Handy.
Selbst *Zeit* ist knapp.
Sollen wir Hausaufgaben machen oder draußen spielen?
Meine Mutter sagt, wir haben noch 20 Minuten Zeit bis zum Abendessen …
Als Wirtschaftswissenschaftler versuchen wir, die Probleme zu durchdringen, vor denen Menschen, Unternehmen, Regierungen und sogar ganze Länder stehen.
Welche Entscheidungen sollen wir treffen? Wie können wir Dinge besser machen?
Was meinst du?

Was ist ein Wirtschaftssystem?

Wenn mehrere Menschen Entscheidungen treffen, was sie tun, kaufen oder verkaufen möchten, entsteht **ein Wirtschaftssystem.** Dieses kann ganz klein oder enorm groß sein, je nachdem wie viele Menschen die Entscheidungen treffen.
Wirtschaft entsteht durch ...

... eine Gruppe von Menschen, die unter einem Dach leben.
Ich wische den Boden, wenn du das Geschirr spülst.

... Menschen, die in einer Stadt leben oder arbeiten.
Soll ich mit dem Auto zur Arbeit fahren oder den Bus nehmen?
Alle Karten für unser Konzert sind ausverkauft!
Wenn wir mehr Geld für Stadtparks ausgeben, bleibt weniger für unsere Schulen übrig.
Sollen wir noch ein Geschäft eröffnen?

… alle Menschen
in einem Land.
Wo sollen wir eine
neue Autobahn
bauen?
Warum ist diese
Stadt so viel ärmer
als der Rest des
Landes?
Wie können wir
mehr Arbeitsplätze
schaffen?
Wir sollten unser
Eis auch in Australien
verkaufen.
Wir ziehen nach Deutschland.
Hoffentlich haben wir dort
ein besseres Leben.
In unserem Land gab
es schon wieder eine
Flutkatastrophe. Wir
müssen andere Länder
um Hilfe bitten.
Wir können dieses
Problem nur lösen, wenn
wir alle zusammen-
arbeiten.

Eine GROSSE Volkswirtschaft, also die Wirtschaft eines Landes oder der ganzen Welt, ist ein Netzwerk aus vielen *kleineren* Wirtschaftssystemen, zum Beispiel aus Haushalten, Dörfern und Städten.

Was machen Wirtschaftswissenschaftler?

Wirtschaftswissenschaftler oder **Ökonomen** beschäftigen sich mit den verschiedenen Wirtschaftssystemen. Manche konzentrieren sich auf Einzelpersonen oder kleine Gruppen, während andere das Gesamtsystem betrachten. Oft stellen sie sich überraschende Fragen ...

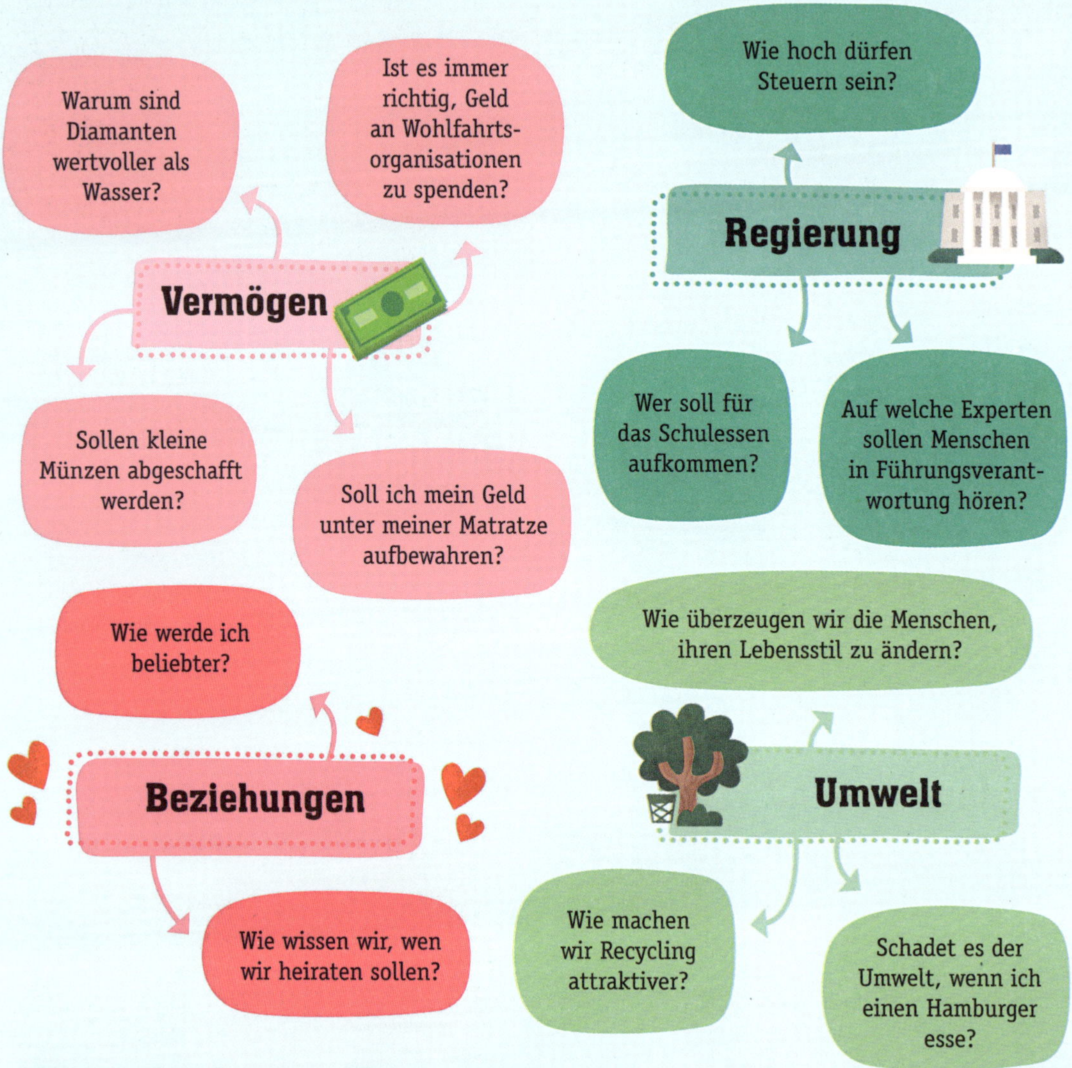

Vermögen
Warum sind Diamanten wertvoller als Wasser?
Ist es immer richtig, Geld an Wohlfahrtsorganisationen zu spenden?
Sollen kleine Münzen abgeschafft werden?
Soll ich mein Geld unter meiner Matratze aufbewahren?
Regierung
Wie hoch dürfen Steuern sein?
Wer soll für das Schulessen aufkommen?
Auf welche Experten sollen Menschen in Führungsverantwortung hören?
Beziehungen
Wie werde ich beliebter?
Wie wissen wir, wen wir heiraten sollen?
Umwelt
Wie überzeugen wir die Menschen, ihren Lebensstil zu ändern?
Wie machen wir Recycling attraktiver?
Schadet es der Umwelt, wenn ich einen Hamburger esse?

Wirtschaft zum Besseren

Durch die Suche nach Antworten auf solche Fragen möchten Wirtschaftswissenschaftler die Menschen, Unternehmen und Regierungen dazu anregen, bessere Entscheidungen zu treffen und die Welt dadurch zu einem besseren und gerechteren Ort zu machen. In der Wirtschaftswissenschaft geht es nicht darum, die Menschen als „gut" oder „schlecht" abzustempeln. Es geht vielmehr darum, die Menschen zu beobachten und die Gründe für ihre Entscheidungen und ihr Handeln zu verstehen.

Arbeit

- Sollte *jeder* einen Job haben?
- Ab welchem Alter sollten Menschen nicht mehr arbeiten?
- Sind Menschen produktiver, wenn sie mehr Stunden arbeiten?
- Warum bekommen Frauen oft weniger Geld als Männer?

Kriminalität

- Wann ist die beste Zeit, eine Bank auszurauben?
- Warum kann Armut zu Verbrechen führen?
- Ist es ratsam, Kriminelle ins Gefängnis zu stecken?

Unternehmen

- Warum gibt es im Januar in manchen Geschäften Schlussverkäufe?
- Sind große Unternehmen gefährlich?
- Wie kann ich mehr von meinen Produkten verkaufen?

Familie

- Wie teuer ist es, ein Kind zu haben?
- Ziehe ich aus oder bleibe ich besser bei den Eltern wohnen?

Handel

- Kann ich jemandem in einem anderen Land vertrauen?
- Wird die Welt durch freien Handel reicher?
- Ist es schlimm, wenn meine Schuhe von Kindern hergestellt werden?

Sport

- Haben große Zuschauermengen einen Einfluss auf das Spielergebnis?
- Gibt es im Sport so etwas wie eine Glückssträhne?

Zukunft

- Können wir Armut beseitigen?
- Werden Roboter meine Arbeit übernehmen?
- Würde es der Weltwirtschaft helfen, wenn wir auf dem Mars nach Bodenschätzen graben?

Wie arbeiten Wirtschaftswissenschaftler?

Warum treffen Menschen bestimmte Entscheidungen? Was sind die Folgen ihrer Entscheidungen? Um diese Fragen zu untersuchen, entwickeln Wirtschaftswissenschaftler in der Regel zunächst ein **Modell**, mit dem sie die Situation erklären.

Hier ist eine Frage: **Hier ist ein Modell:**

Die Reisernte ist in diesem Jahr sehr schlecht. Für über die Hälfte der Weltbevölkerung ist Reis jedoch das Grundnahrungsmittel. Was wird passieren?
Wenn ein Produkt knapp ist, schießen die Preise in die Höhe und viele Menschen leiden Mangel.
NACHRICHTEN
HEUTE

Erstellung eines Modells

Mit einem Modell wird eine bestimmte Situation auf einfache Weise dargestellt. In diesem Beispiel ist es das Verhältnis von Menge und Preis. Wirtschaftswissenschaftler verwenden für ihre Modelle oft Schaubilder oder Diagramme.

Das sieht zunächst kompliziert aus, aber es zeigt das, was ich oben bereits gesagt habe, nur auf mathematische Weise.
Preis
neuer Preis
alter Preis
Menge

Modelle können dabei helfen, etwas vorherzusagen, also **Prognosen** zu erstellen.

Laut Ihrer Prognose wird der Preis für Reis in den Geschäften um rund 30 Prozent steigen.
Regierungen sollten jetzt Vorräte von Lebensmitteln anlegen, um Bedürftige damit versorgen zu können.

Prüfung eines Modells

Wirtschaftswissenschaftler können ein Modell prüfen, indem sie Informationen oder **Daten** sammeln. Dann untersuchen sie, ob die Daten mit dem Modell übereinstimmen.

Das Modell war ziemlich präzise. So konnten die Regierungen rechtzeitig die erforderlichen Maßnahmen ergreifen.
Die Zeitung
REGIERUNGEN VERTEILEN REISPAKETE
Regierungen rationieren Reis

Wirtschaftswissenschaftler in der Debatte

Alle Wirtschaftswissenschaftler untersuchen Daten – manchmal sogar exakt dieselben Daten. Trotzdem kommen sie oft zu ganz unterschiedlichen Schlussfolgerungen, was die Daten aussagen.

Reisrationen retteten viele Menschen vor dem Verhungern. Es ist wirklich gut, dass die Regierung die Situation in die Hand genommen hat.
Ich denke, dass die Rationierung keinen Unterschied gemacht hat. Im Laufe der Zeit wären die Preise auch ohne Eingreifen der Regierung gesunken.

Wirtschaftswissenschaftler haben – wie alle Menschen – häufig unterschiedliche Auffassungen, wie eine gerechte Gesellschaft aussehen *sollte*. Selbst in diesem Buch geben wir durch die Art, wie wir wirtschaftliche Fragen beschreiben oder welche Beispiele wir wählen, unseren **eigenen Standpunkt** wieder. Wir erklären, was *wir* für wichtig halten. Hier sind einige unterschiedliche Meinungen. Manchen stimmst du vielleicht zu, anderen nicht.

Auf der Welt gibt es zu viel Ungleichheit. Es ist nicht fair, dass manche Menschen reicher sind als andere.
Große Unternehmen sind schlecht! Sie verdienen deshalb so viel Geld, weil sie kleinere Unternehmen vom Markt verdrängen.
Ich halte große Unternehmen für gut! Sie werden nur reich und erfolgreich, wenn sie besser als die Konkurrenz sind.

Alle diese Auffassungen werden von Wirtschaftswissenschaftlern unterstützt.

Die britische Ökonomin Joan Robinson sagte einmal …

Durch das Studium der Wirtschaftswissenschaften lernt man, nicht von Wirtschaftswissenschaftlern betrogen zu werden.

1. Kapitel: Nicht genug für alle

Wenn alle Menschen zu jeder beliebigen Zeit immer alles haben könnten, was sie wollten, und sich dafür nicht einmal anstrengen müssten, dann gäbe es wahrscheinlich keine Wirtschaftswissenschaftler. Aber die Welt, in der wir leben, sieht anders aus.

Jeder von uns muss täglich Entscheidungen treffen, wie wir in einer Welt weiterleben können, in der **Ressourcen** wie Nahrung, Produktionsmaterial und Energie **knapp** sind und unsere Zeit begrenzt ist. Die Untersuchung dieser Herausforderungen ist die grundlegende Aufgabe der Wirtschaftswissenschaft.

Die Herausforderung des Überlebens

Das Bedürfnis nach Nahrung, Wasser und Behausungen hat sich für uns Menschen seit der Steinzeit nicht verändert. Wirtschaftswissenschaftler sprechen davon, dass wir die Ressourcen der Erde verbrauchen oder **konsumieren**, um unsere Bedürfnisse zu decken.

Hier sind einige Ressourcen, die unsere frühen Vorfahren benötigten:

Manchmal war es wahrscheinlich recht einfach, an diese Ressourcen zu kommen. Aber es gab sicherlich auch Zeiten, in denen die Ressourcen knapp waren.

Ich habe Hunger. Ich muss mir etwas zu essen suchen.
Tut mir leid! Ich habe alle Beeren gepflückt.
Ich habe die Pilze und die Fische gegessen.
Und ich habe alle Hasen aufgegessen.
O nein!

Wir haben ein zu großes Angebot an Wasser.

Das, was von einer Ressource *verfügbar* ist, wird als **Angebot** bezeichnet.

Ich brauche dringend etwas zu trinken!

Wie stark eine Ressource von den Menschen *gewollt* wird, ist die sogenannte **Nachfrage.**

Alles um uns herum ist eine potenzielle Ressource. Moderne Wirtschaftssysteme benötigen viele verschiedene Arten von Ressourcen, die unsere Vorfahren noch nicht nutzten, also nicht nur Dinge zum Essen und Trinken oder um Werkzeuge daraus zu bauen. Hier sind einige Beispiele:

Sonnenlicht | **Dünger** | **Erdöl**

Uran | **Sand** | **Wind**

Die Kosten der Entscheidung

Jede Entscheidung geht mit Kosten einher, auch wenn diese nicht mit Geld bezahlt werden. Bei jeder Entscheidung musst du nämlich auf etwas verzichten. Wirtschaftswissenschaftler sprechen hier von **Opportunitätskosten**. Das sind die Kosten, die dadurch entstehen, dass du bestimmte Möglichkeiten *nicht* wahrnehmen kannst.

Die meisten Ressourcen können nur einmal genutzt werden. Die *Opportunitätskosten* des Verbrauchs einer Ressource sind alle nicht verwirklichten anderen Möglichkeiten, diese Ressource zu nutzen.

Was sollen wir mit dem Holz machen?
Ich möchte eine neue Trommel bauen.
Aber ich brauche einen neuen Speer.
MACH FEUER! Mir ist kalt.

Deine Zeit ist ebenfalls knapp. Wenn du Zeit auf eine Sache verwendest, hast du dich entschieden, deine Zeit nicht für andere Dinge einzusetzen. Auch das gehört zu den Opportunitätskosten.

Bis später! Ich werde jetzt den Wolf trainieren.
Aber wer bleibt bei mir?
Ich habe Kohldampf!
Du hast versprochen, dass du mir eine Puppe bastelst!

Du kannst nicht immer genau wissen, was die richtige Entscheidung ist. Oft musst du dich zwischen dem entscheiden, was du willst, und dem, was du brauchst. Oder du musst dich zwischen einem kurzfristigen und einem langfristigen Gewinn entscheiden.

Ich möchte so gern im Bett bleiben.
Aber ich muss aufstehen und Essen für meine Familie finden.
Ich könnte den ganzen Honig sofort aufessen.
Oder ich könnte ihn für den Winter aufheben.

Um eine Entscheidung zu treffen, wägen die Menschen meist ab, wie groß der jeweilige Gewinn sein wird. In der Wirtschaftswissenschaft spricht man von **Nutzen**.

Ich mag Pilze lieber als Beeren.
Also gehe ich Pilze sammeln.
Pilze haben für *dieses* Mädchen einen größeren Nutzen.

Der Nutzen einer Sache ist für jede Person verschieden.

Ich habe Pilze gesammelt.
Igitt! Ich hasse Pilze. Ich gehe mal lieber auf die Jagd.

Die Menschen sind kompliziert und treffen daher manchmal unerwartete Entscheidungen. Viele verschiedene Faktoren beeinflussen, was dir den größten Nutzen bringt.

LAUF! Ich locke ihn weg!
Du tust nie, was ich dir sage.

Die sicherste Wahl wäre gewesen, einfach wegzulaufen, aber das Mädchen hat sein Leben aufs Spiel gesetzt, um den Vater zu retten. Für ihn war es ein Glück, dass seine Tochter einen lebendigen Vater für das Wichtigste hielt.

Von der Ressource zum Produkt

Manchmal nutzen wir Ressourcen, um daraus andere Dinge herzustellen. Das wird als **Produktion** bezeichnet. Wirtschaftswissenschaftler teilen den Prozess der Produktion in der Regel in vier Abschnitte ein.

1) Um etwas zu produzieren, brauchst du zunächst eine **Idee**. Was möchtest du herstellen? Wie möchtest du es herstellen?

Die Tiger sind EIN PROBLEM.
Wir müssten etwas bauen, um sie fernzuhalten.
Idee
Gute Idee! Aber was?

2) Dann brauchst du **Ressourcen**.

Suche mehr Holz, dann sage ich dir, was wir bauen.
Na gut. Ich hoffe, deine Idee funktioniert!
Ressourcen

3) Wirtschaftswissenschaftler bezeichnen jede Betätigung, die zur Herstellung einer Sache notwendig ist, als **Arbeit**.

Uff!
Arbeit
Nach meiner Berechnung brauchen wir mindestens noch 70 Stöcke.

Arbeit umfasst hier nicht nur die körperliche Arbeit, sondern auch alle anderen erforderlichen Aufgaben, wie zum Beispiel das Ausarbeiten der Idee und die Organisation der Herstellung.

4) Werkzeuge und Technologien helfen uns dabei, schneller, besser und sicherer, kurz gesagt: effizienter zu arbeiten. Wirtschaftswissenschaftler bezeichnen diese Dinge als **Kapital**.

Werkzeuge sind die Maschinen, die wir nutzen, um Dinge effizienter zu produzieren.
Das ist eine gute Idee!
Technologie bezeichnet den Prozess zur Herstellung von Dingen. So ist zum Beispiel das Binden eines Knotens eine einfache Art von Technologie.

So funktioniert die Produktion:

Produktion = Idee + Ressourcen + Arbeit + Kapital

Gut gemacht! Ich nenne es … ZAUN!
Jetzt können uns die Tiger nichts mehr tun … aber wie kommen wir raus?
Upps! Da müssen wir wohl als Nächstes einen Ausgang erfinden!

Neue Ideen, Werkzeuge oder Technologien steigern die **Produktivität** der Menschen. Das bedeutet, dass Dinge effizienter hergestellt werden können. Wirtschaftswissenschaftler untersuchen die Produktivität, weil sie das Leben der Menschen verbessern kann. Dank des Zaunes ist die Familie jetzt sicherer.

Von der Ressource zum Handel

Stell dir vor, du müsstest alles, was du zum Überleben brauchst, selbst herstellen. Stell dir dann vor, dass alle anderen dasselbe tun müssten. Das wäre nicht besonders effizient. Daher ist es von Vorteil, die meisten Aufgaben aufzuteilen.

Wirtschaftswissenschaftler nennen diese Teilung von Aufgaben **Spezialisierung.**

Manche Menschen sind darauf spezialisiert, **Güter** zu sammeln oder zu produzieren.

Manche Menschen sind darauf spezialisiert, etwas für andere zu tun. Diese Berufe heißen **Dienstleistungen.**

Fischen
Bauen
Herstellen von Kleidung
Kinderbetreuung
Sicherheit
z z Z

Wenn Menschen sich lange Zeit nur auf eine Aufgabe spezialisieren, werden sie effizienter in ihrer Arbeit. Sie entwickeln neue Technologien und können Dinge schneller herstellen.

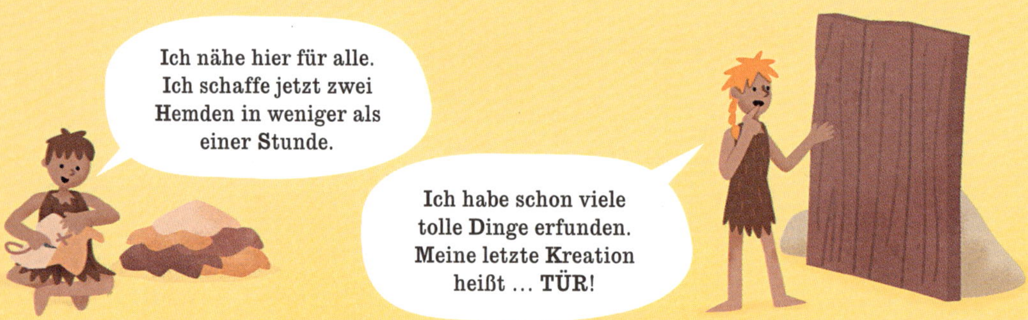
Ich nähe hier für alle. Ich schaffe jetzt zwei Hemden in weniger als einer Stunde.
Ich habe schon viele tolle Dinge erfunden. Meine letzte Kreation heißt ... TÜR!

Menschen, die auf eine Aufgabe spezialisiert sind, produzieren in der Regel mehr Güter oder Dienstleistungen, als sie für sich selbst brauchen. Diese zusätzliche Produktion wird als **Überschuss** bezeichnet.

Ich habe mehr Fische, als ich essen kann. Was soll ich damit machen?

Überschüsse sind wichtig für die Wirtschaft. Die Menschen können ihre Überschüsse tauschen, um alle anderen Dinge zu bekommen, die sie brauchen. Sie handeln.

Wenn du Güter direkt gegeneinander eintauschst, ist das ein sogenannter **Tauschhandel**.

Heutzutage verwenden wir in der Regel Geld, um zu handeln.

Spezialisierung und Handel bilden die Grundlage aller **Wirtschaftssysteme**, egal wie groß oder klein sie sind. So war es vor Tausenden von Jahren und so ist es auch heute noch.

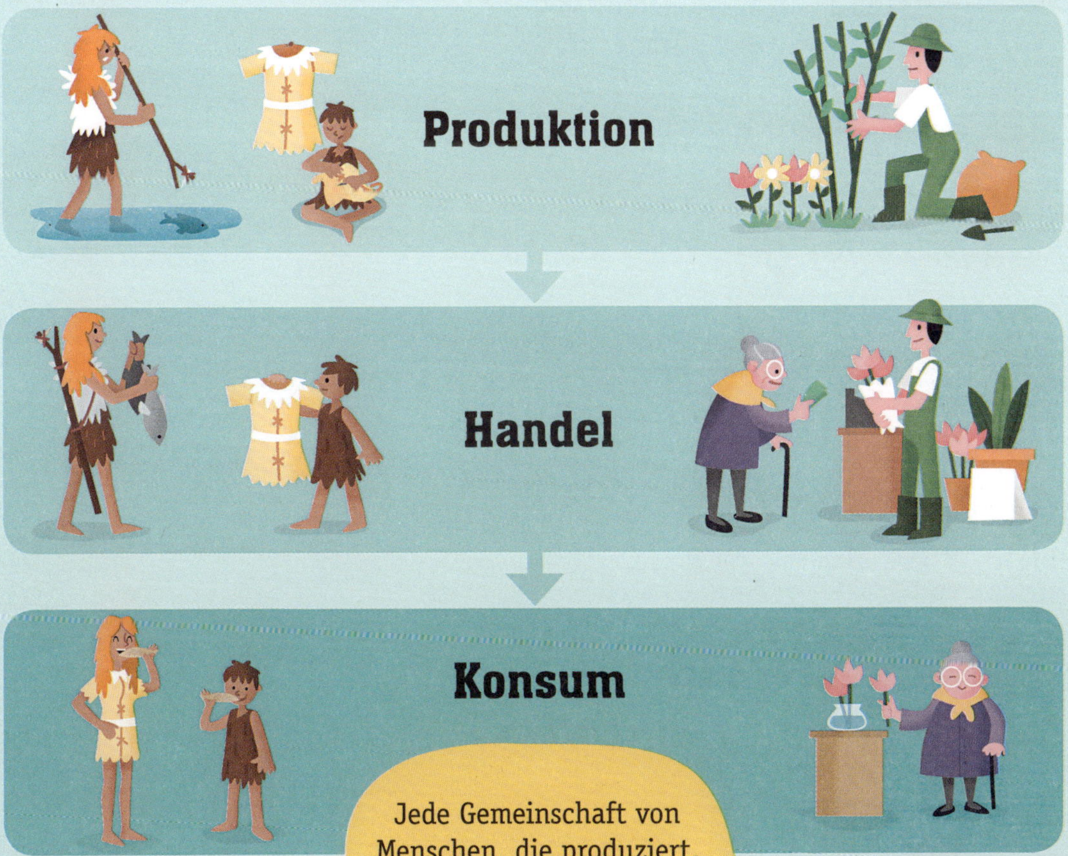

Jede Gemeinschaft von Menschen, die produziert, handelt und konsumiert, ist eine **Wirtschaftsgemeinschaft**.

2. Kapitel: Märkte

Von der Herstellung von Schokolade bis zur Durchführung von Operationen basiert alles, was die Menschen tun, auf dem Austausch von Wissen, Gütern, Dienstleistungen und Ideen. Ein Ort, an dem ein solcher Austausch stattfindet, ist ein **Markt**.

Im Laufe der Jahrhunderte haben Wirtschaftswissenschaftler alle Arten von Märkten analysiert und verschiedene Muster aufgedeckt, wie die Märkte funktionieren. Außerdem haben sie Konzepte entwickelt, wie ein gerechter und effizienter Handel sichergestellt werden kann.

Herstellen, kaufen und verkaufen

Das wirtschaftliche Grundprinzip von Herstellen, Kaufen und Verkaufen ermöglicht es den Menschen, die Dinge zu bekommen, die sie wollen und brauchen. Das hört sich ziemlich einfach an. In jeder Phase dieses Prozesses passiert jedoch ein kleines Wunder: Es wird **Wert** geschaffen.

Es war einmal ein großer Stein, vor rund 2000 Jahren …

Warum verschwendest du deine Zeit mit einem riesigen Stein?
Warte nur ab …

Indem aus dem Stein etwas *hergestellt* wurde, nahm sein Wert zu.

Jetzt will ich den Stein haben!
Ich gebe dir 40 Münzen für dieses wundervolle Werk!

Wird der Stein *gehandelt*, wird ebenfalls Wert geschöpft.

Für den *Verkäufer* ist der Wert die Differenz zwischen dem Preis und den Herstellungskosten.

Preis: 40 Münzen,
Kosten: 15 Münzen (Werkzeuge + aufgewendete Zeit)

Der Handel hat für mich 25 Münzen an Wert geschaffen!

Für den *Käufer* ist der Wert die Differenz zwischen dem Nutzen, der dem Käufer aus dem Kauf entsteht, und dem gezahlten Preis.

Es war so ein guter Preis!
Mmmm.

Damit ein Handel funktioniert, müssen beide Seiten glauben, dass sie etwas dazugewinnen. Außerdem müssen sie der anderen Person **vertrauen**, dass diese die versprochenen Güter bereitstellt oder die vereinbarte Geldmenge bezahlt.

Handel kann es nur geben, wenn die Anbieter von Gütern und Dienstleistungen Kunden finden und wenn kaufwillige Kunden Anbieter finden. Deshalb entstand der Markt. Eine griechische *agora*, ein chinesischer *shìchǎng* oder dieser persische *bāzār* sind Beispiele für traditionelle Märkte.

Märkte bringen Käufer und Verkäufer zusammen.
AZARS KUNST-HANDEL
Ich habe allen meinen Freunden gesagt, dass du hier bist.
Käufer und Verkäufer tauschen Waren zu einem bestimmten Preis.
Eine Schüssel Eintopf für eine Münze!
zzz
KÖSTLICHER EINTOPF
Menschen haben unterschiedliche Meinungen, wie hoch der Preis sein sollte.
Ich liebe diesen Hut!
Hm, ja, aber ist er wirklich zwei Münzen wert?
2 Münzen
hoher Nutzen
geringer Nutzen
Wer will meinen Stier kaufen?
Zehn Münzen!
20 Münzen!
50 Münzen!
SCHAFE! 15 Münzen
Dieser Käufer will den Stier unbedingt haben. Er ist bereit, einen hohen Preis dafür zu zahlen.
Diese Schafe sind ein Schnäppchen!
Vielleicht für dich, aber ich kann sie mir nicht leisten.
Es reicht nicht aus, eine Sache haben zu wollen. Der Käufer muss auch in der Lage sein, dafür zu bezahlen.

Viele, viele Märkte

Märkte müssen nicht immer Handelsplätze mit Verkaufsständen sein. Um dich herum gibt es viele verschiedene Arten von Märkten. Auf dieser Doppelseite siehst du sechs Beispiele für Märkte im Alltag.

UHREN SCHICK
GEÖFFNET
Wissenschaftler sagen, dass diese Uhr sogar auf dem Mond läuft.
Wow!
BÖRSE.
Soll ich mir diese Schuhe kaufen?
Ja klar!
Sankt-Anna-Schule
Gegr. 1986
Heute ist mein erster Arbeitstag.
Viel Glück!
Es dauert wahrscheinlich etwas, bis sie ankommen. Sie werden aus Kanada geschickt.
Kann ich diese Karte haben? Ich gebe dir diese dafür.
Aber das ist der Kapitän. Der ist mehr wert!
Dann gebe ich dir noch meinen Müsliriegel.
Abgemacht!

Kaufen!
Verkaufen!
RSE.BÖRSE.BÖRSE.BÖRSE.BÖRSE.
BÖRSE
Psst, wollen Sie eine Uhr kaufen?
Woher haben Sie die denn?
Das lassen Sie mal meine Sorge sein. Ich mache Ihnen einen guten Preis!

GEÖFFNET

Ein **Geschäft** ist ein Marktplatz.

Ein Markt kann auch eine **Webseite** oder eine **App** sein, die Käufer und Verkäufer auf der ganzen Welt miteinander verbindet.

Auf dem **informellen Markt** für Sammelkarten hat der Käufer anstelle von Geld mit einem Müsliriegel und einer Karte bezahlt.

Ein **Arbeitsplatz**, wie zum Beispiel eine Schule, ist auch ein Markt, wo Menschen ihre Arbeit gegen ein Gehalt tauschen.*

BÖRSE

Eine Börse ist ein Ort, an dem Menschen über Computer Anteile an Unternehmen in Form von **Aktien** kaufen und verkaufen. Der Markt für diese Anteile ist der sogenannte **Aktienmarkt**.

Wenn Dinge illegal gekauft oder verkauft werden, spricht man von einem **Schwarzmarkt**.

*Na ja, die Lehrer tun das. Die Kinder müssen arbeiten, ohne bezahlt zu werden. Ist das gerecht?

Angebot und Nachfrage

Wenn du dir einen Markt anschaust, wirst du feststellen, dass die Menge dessen, was die Menschen kaufen und verkaufen wollen, in der Regel bestimmten Mustern folgt. Wirtschaftswissenschaftler nennen das die **Gesetze von Angebot und Nachfrage**.

Erkennst du das Muster von Angebot und Nachfrage auf diesem Markt für Sandwiches? Die Brote sind von gleicher Qualität, kosten jedoch unterschiedlich viel.

Sandwiches für fünf Euro!
Sandwiches für vier Euro!
Supergünstige Sandwiches für 2,50 Euro!

Die günstigen Sandwiches ziehen mehr Käufer an, an den teuren sind weniger Kunden interessiert. Je niedriger der Preis ist, umso mehr Menschen glauben, dass sich der Kauf lohnt.

Wirtschaftswissenschaftler veranschaulichen das Verhältnis von Preis und Nachfrage in einem Diagramm so:

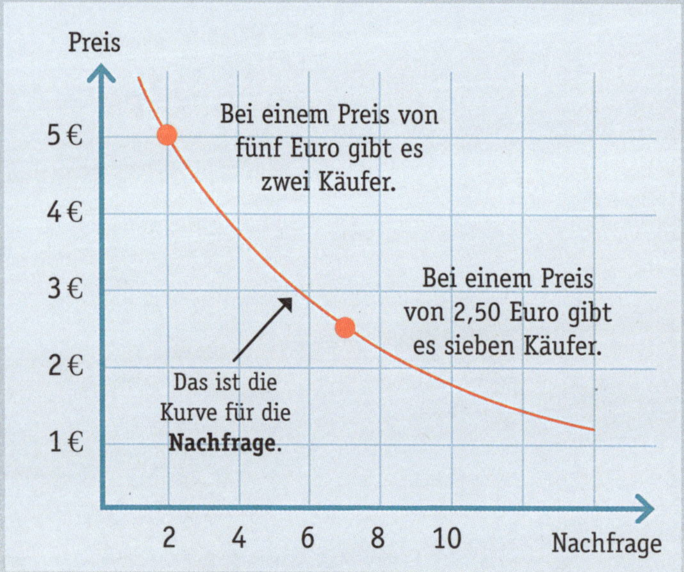
Preis
5 €
4 €
3 €
2 €
1 €
2
4
6
8
10
Nachfrage
Bei einem Preis von fünf Euro gibt es zwei Käufer.
Bei einem Preis von 2,50 Euro gibt es sieben Käufer.
Das ist die Kurve für die Nachfrage.

Gesetz der Nachfrage

Je höher der Preis ist, umso geringer ist die Nachfrage. Je niedriger der Preis ist, umso größer ist die Nachfrage.

Die Menge, die auf dem Markt im **Angebot** ist, ändert sich ebenfalls in Beziehung zum erhofften Erlös (auch Umsatz genannt, siehe Seite 52). Nehmen wir als Beispiel einen Gedichtwettbewerb: Im Jahr mit dem höheren Preisgeld wurden auch mehr Gedichte eingereicht.

Gedichtwettbewerb
2019
Erster Preis
50 Euro
Gedichtwettbewerb
2020
Erster Preis
250 Euro

Bei einem höheren Preisgeld reichen mehr Dichter ihre Gedichte ein.
Dieses Diagramm zeigt das Verhältnis von Preis und Angebot:

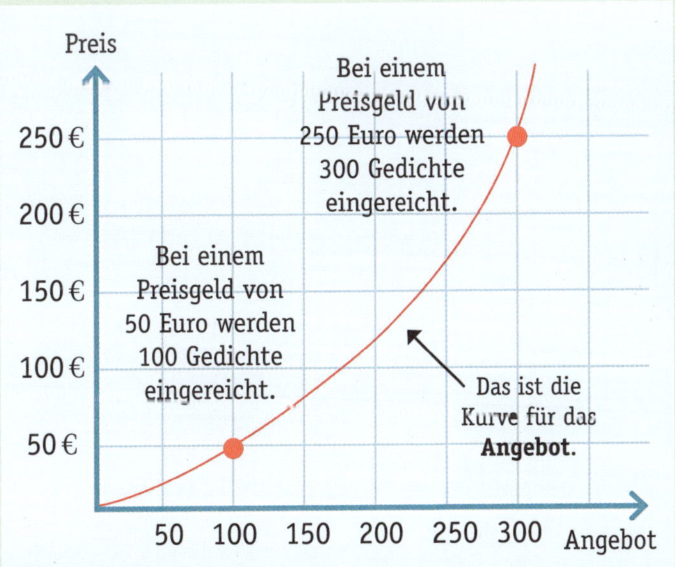
Preis
250 €
200 €
150 €
100 €
50 €
50
100
150
200
250
300
Angebot
Bei einem Preisgeld von 250 Euro werden 300 Gedichte eingereicht.
Bei einem Preisgeld von 50 Euro werden 100 Gedichte eingereicht.
Das ist die Kurve für das **Angebot**.

Gesetz des Angebotes

Je höher der Preis ist, umso größer ist das Angebot.
Je niedriger der Preis ist, umso kleiner ist das Angebot.

Preisveränderungen

Preise beeinflussen, wie viel die Menschen kaufen und produzieren. Aber das Prinzip funktioniert auch in die entgegengesetzte Richtung. Wie viel die Menschen kaufen und produzieren, hat Einfluss auf die Preise.

Ist das Angebot größer als die Nachfrage, wissen die Verkäufer, dass sie ihre Preise senken müssen.

Niemand kauft MEINE Mangos. Ich muss mit dem Preis runtergehen, um Käufer anzulocken.
40 Rupien

Ist das Angebot kleiner als die Nachfrage, wissen die Verkäufer, dass sie ihre Preise erhöhen können.

Haben Sie noch Mangos?
Kann ich etwas mehr bezahlen, damit Sie mir morgen eine zurücklegen?
Ich habe alle Mangos verkauft. Tut mir leid! Kommen Sie morgen wieder.
20 Rupien
Die Käufer sind bereit, mehr für eine Mango zu bezahlen. Ich sollte die Preise erhöhen.

Im Lauf der Zeit ändert sich der Preis, bis er einen Punkt erreicht, an dem die Nachfrage genauso groß ist wie das Angebot. Das ist der sogenannte **Gleichgewichtspreis**.

Mmmm, ich liebe Mangos!
Zu köstlich!
30 Rupien
Alle Käufer, die eine Mango wollten, haben eine bekommen, und ich habe einen guten Preis erzielt.

Der Preis ist gerade richtig. Er ist hoch genug für den Verkäufer und niedrig genug für die Kunden. Außerdem verderben keine Mangos.

Niemand ist allein für die Preisveränderungen verantwortlich. Die Preise richten sich sowohl nach den Entscheidungen der Käufer, die nicht zu viel ausgeben wollen, als auch nach denen der Verkäufer, die ihren Lebensunterhalt verdienen wollen. Hier sind einige Beispiele, wie Wirtschaftswissenschaftler den Prozess gesehen haben:

Im 18. Jahrhundert beschrieb der schottische Ökonom Adam Smith den Prozess als die **unsichtbare Hand** des Marktes.

Der Markt erkennt, was die Menschen wollen, und verschafft es ihnen, ohne dass jemand Befehle geben muss.

Rund ein Jahrhundert später entwickelte der britische Ökonom Alfred Marshall die Idee von der unsichtbaren Hand weiter.

Angebot und Nachfrage bestimmen die Preise und arbeiten dabei zusammen wie die beiden Klingen einer Schere.
Nachfrage
Angebot

Marshall veranschaulichte in einem Diagramm, wie Angebot und Nachfrage sich *gegenseitig* beeinflussen.

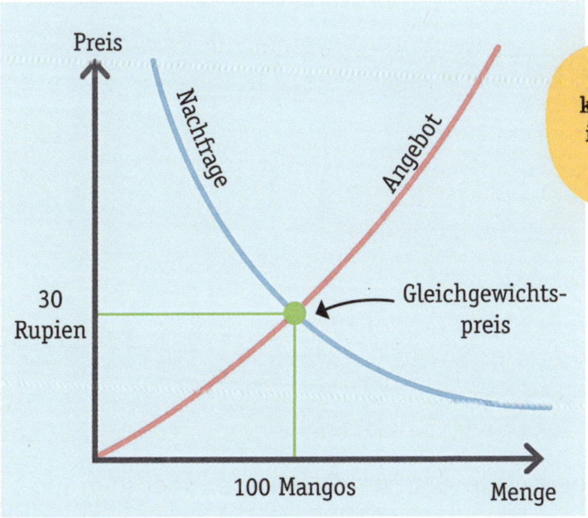
Preis
Nachfrage
Angebot
30 Rupien
Gleichgewichts-preis
100 Mangos
Menge

Der Punkt, in dem sich die Nachfragekurve und die Angebotskurve schneiden, ist der sogenannte Gleichgewichtspreis. Bei diesem Preis ist die Nachfrage *gleich* dem Angebot.

Marktveränderungen

Angebot und Nachfrage ändern sich nicht nur aufgrund der Preise. Nehmen wir Fahrräder als Beispiel. Es gibt alle möglichen Gründe, warum sich das Angebot an Fahrrädern oder die Nachfrage nach ihnen ändert …

Trends

Die Menschen wollen gesünder leben, daher steigt die *Nachfrage* nach Fahrrädern.

Herstellungskosten

Wenn die Energiepreise steigen, wird es auch teurer, ein Fahrrad herzustellen, also sinkt das *Angebot* voraussichtlich.

Andere Preise

Wenn Busfahrscheine teurer werden, steigen mehr Menschen auf das Fahrrad um. Die *Nachfrage* steigt.

Wetter

Wenn es kalt ist, sinkt die *Nachfrage* nach Fahrrädern voraussichtlich.

Anzahl an Anbietern

Wenn ein neuer Fahrradladen aufmacht, steigt das Angebot an Fahrrädern.

Angesichts all dieser Veränderungen lässt sich schwer sagen, ob Angebot und Nachfrage für Fahrräder insgesamt gestiegen oder gesunken sind. Daher ist es für Unternehmen nicht einfach, Angebot und Nachfrage zu steuern.

Große oder kleine Veränderungen?

Stell dir vor, was mit der Nachfrage nach Brot und Fahrrädern passieren würde, wenn sich ihre jeweiligen Preise verdoppelten.

Die Nachfrage nach Brot würde sinken, aber nur schwach. Brot ist ein wichtiger Teil der Ernährung, daher würden die Menschen es auch weiterhin kaufen. Die Nachfrage ist **unelastisch.**

Die Nachfrage nach Fahrrädern würde stark sinken. Die Menschen müssen nicht jeden Tag neue Fahrräder kaufen und würden die Anschaffung auf später verschieben. Die Nachfrage ist **elastisch.**

Unternehmen untersuchen meist, wie empfindlich ihre Kunden auf Preisveränderungen reagieren, bevor sie ihre Preise tatsächlich ändern.

Marktmodell

Ein **Modell** ist eine Erklärung dafür, wie etwas abläuft. Die Gesetze von Angebot und Nachfrage sind Modelle: Sie liefern eine einfache Erklärung für den komplizierten Prozess, mit dem Preise festgelegt werden. Im *wirklichen Leben* laufen die Dinge meist nicht so reibungslos ab wie in den Modellen. So kann es zum Beispiel eine gewisse Zeit dauern, bis Käufer und Verkäufer auf die gegenseitigen Signale reagieren. Die aus einem Modell gefolgerten Gesetze sind dennoch nützlich, um viele verschiedene Situationen zu erklären …

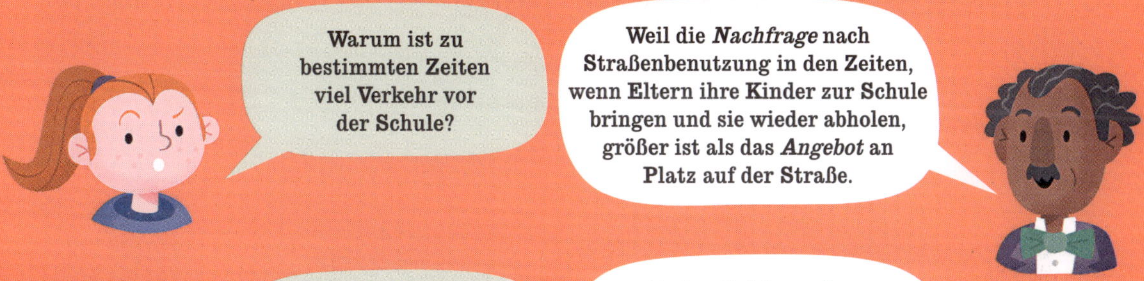
Warum ist zu bestimmten Zeiten viel Verkehr vor der Schule?
Weil die *Nachfrage* nach Straßenbenutzung in den Zeiten, wenn Eltern ihre Kinder zur Schule bringen und sie wieder abholen, größer ist als das *Angebot* an Platz auf der Straße.

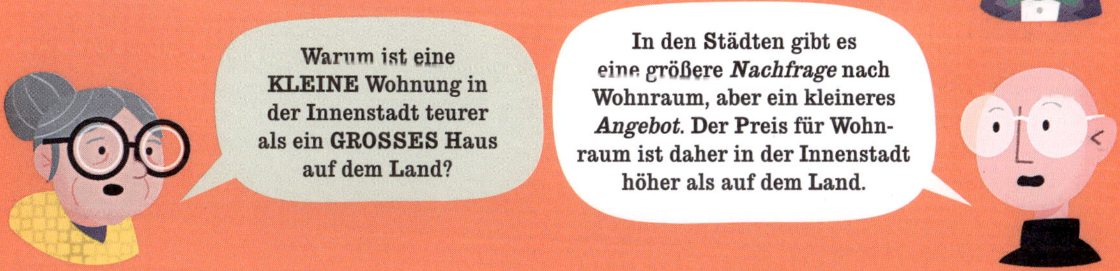
Warum ist eine KLEINE Wohnung in der Innenstadt teurer als ein GROSSES Haus auf dem Land?
In den Städten gibt es eine größere *Nachfrage* nach Wohnraum, aber ein kleineres *Angebot*. Der Preis für Wohnraum ist daher in der Innenstadt höher als auf dem Land.

Das Modell hilft sogar bei der Lösung von Problemen.

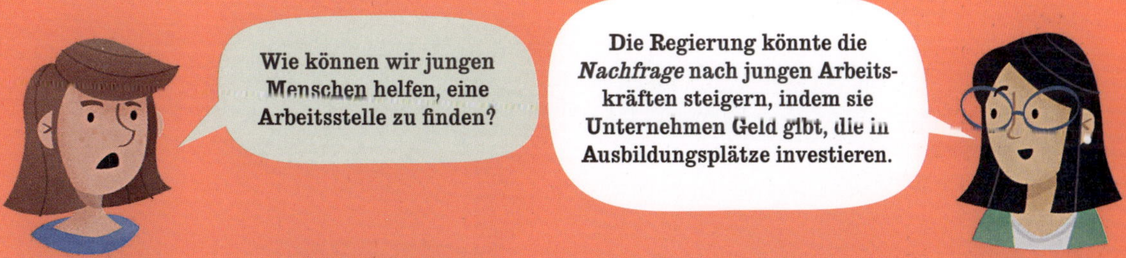
Wie können wir jungen Menschen helfen, eine Arbeitsstelle zu finden?
Die Regierung könnte die *Nachfrage* nach jungen Arbeitskräften steigern, indem sie Unternehmen Geld gibt, die in Ausbildungsplätze investieren.

Wie bringen wir die Menschen dazu, weniger Plastiktüten zu verwenden?
Man könnte beispielsweise Geld für Plastiktüten verlangen. In vielen Ländern sind Tüten bereits kostenpflichtig, was zu einem enormen Rückgang der *Nachfrage* geführt hat.

Eingriffe in den Markt

In allen Märkten verkaufen Unternehmen Güter an Menschen, die sich diese Dinge leisten können. Das mag vielleicht *vernünftig* klingen, ist in der Umsetzung allerdings nicht immer gerecht, sicher oder praktisch. Gerät ein Markt aus dem Gleichgewicht, spricht man von **Marktversagen**. In diesen Fällen sind die Regierungen gefragt.

Versagen

Gibt es einen **Mangel** an einem Gut, steigen die Preise dafür kontinuierlich. Das ist für jene schlimm, die sich das Gut nicht leisten können, insbesondere wenn es sich um ein lebensnotwendiges Gut wie Wasser handelt.

Lösung

Während einer Trockenheit kann die Regierung jedem Bürger eine bestimmte Wassermenge pro Tag kostenlos zuteilen.

Kostenloses Wasser – nicht mehr als zwei Flaschen pro Tag pro Person

Versagen

Schulen und Feuerwehr sind wichtige **Dienstleistungen**, aber viele Menschen könnten sie sich nicht leisten, wenn sie dafür bezahlen müssten.

Lösung

In vielen Ländern stellen die Regierungen diese Dienste für alle bereit, egal ob sie dafür bezahlen können oder nicht.

Versagen

Wenn ein Unternehmen der hauptsächliche oder einzige Anbieter einer Ressource ist, hat dieses Unternehmen eine große **Macht** über die Verbraucher.

500 €
500 Euro für ein Paar Schuhe? Das ist ja lächerlich!
Tja, Pech! Du hast keine Wahl, da es nur bei uns Schuhe gibt.

Lösung

Regierungen können Vorschriften erlassen, um Verbraucher vor den Praktiken extrem großer Unternehmen zu schützen und Unternehmen daran zu hindern, zu mächtig zu werden.
Mehr dazu auf Seite 60.

Versagen

Es ist **unpraktisch**, jede Person einzeln für bestimmte Ressourcen, wie zum Beispiel Straßenbeleuchtung, zur Kasse zu bitten. Unternehmen können sie so nicht gewinnbringend bereitstellen.

Lösung

Regierungen stellen diese Ressourcen in der Regel für alle bereit.

Versagen

Produktion und Konsum haben manchmal **negative Auswirkungen**, für die niemand bezahlt, wie zum Beispiel die Umweltverschmutzung durch eine Autofabrik.

Lösung

Eine Lösung ist die Erhebung einer Umweltsteuer, damit die Fabrik versucht, die Verschmutzung zu reduzieren.

Die Anschaffung eines Filters, der die Luft aus dem Schornstein reinigt, ist für uns günstiger, als die Steuer zu bezahlen.

Mehr über diese Art von Marktversagen findest du auf den Seiten 64 bis 65.

Versagen

Verkäufer verfügen oft über ein **größeres Wissen** zu einem Produkt als Verbraucher, sodass Kunden manchmal übervorteilt werden.

FAST NEU

Lösung

5 JAHRE ALT

Man kann gesetzlich vorschreiben, dass Unternehmen ihre Informationen über ein Produkt an die Verbraucher weitergeben müssen.

Versagen

Wenn Menschen eine Sache stark genug wollen, wird sich ein Unternehmen finden, das sie anbietet, egal wie **gefährlich** das Gut für die Käufer oder andere Menschen ist.

Lösung

ab 18 Jahren

Die Regierung kann einschränken, wer gefährliche Produkte wie Feuerwerkskörper kaufen darf.

3. Kapitel: Entscheidungen

Manche Wirtschaftswissenschaftler verwenden vereinfachte **Modelle**, um die vielfältigen Gründe für menschliche Entscheidungen leichter verständlich zu machen. Diese Modelle gehen in der Regel davon aus, dass die Menschen aus einer Sache immer nur den größten Nutzen für sich selbst ziehen wollen. Die Marktmodelle in den vorherigen Kapiteln folgen diesem Ansatz.

Seit den 1970er-Jahren haben Wirtschaftswissenschaftler versucht, das Chaos an Gründen zu entwirren, um zu verstehen, wie die Menschen *tatsächlich* Entscheidungen treffen. Ihrer Ansicht nach handeln Menschen oft unlogisch, sind schlecht informiert, abergläubisch und parteiisch. Mit diesen Aspekten beschäftigt sich die sogenannte **Verhaltensökonomie**.

Verhaltensmodelle

Viele nützliche Wirtschaftstheorien basieren auf der Vorstellung, dass die Menschen jede Entscheidung sorgfältig überdenken und stets nach dem maximalen Nutzen für sich selbst streben. Zur Veranschaulichung verwenden Wirtschaftswissenschaftler das Modell des sogenannten ***Homo oeconomicus***. Das ist Latein und bedeutet „Wirtschaftsmensch“.

Der *Homo oeconomicus* ist eine berechnende Maschine. Wenn er eine Entscheidung trifft, wägt er die Kosten und Nutzen aller Optionen sorgfältig gegeneinander ab.

Ich treffe stets die beste Entscheidung für *mich*.

Was würde passieren, wenn der *Homo oeconomicus* ein Portemonnaie auf der Straße fände?

Optionen:
1. Portemonnaie behalten
2. Portemonnaie liegen lassen
3. Besitzer ausfindig machen
1 = gestohlenes Geld bekommen, Risiko von Schuldgefühlen
2 = einfachste Option, kein Risiko
3 = kostet Zeit, fühlt sich aber richtig an
Ich glaube, ich lasse es einfach liegen.

Die meisten Menschen analysieren bei ihren Entscheidungen die Möglichkeiten nicht so detailliert. Wirtschaftswissenschaftler glauben aber, dass eine solche Analyse genau vorhersagen kann, wie sich die Mehrheit der Menschen im Durchschnitt entscheidet.

Einige Wirtschaftswissenschaftler behaupten sogar, dass *alle* unsere Entscheidungen, auch die kleinsten, auf eigennütziger Berechnung beruhen. Sie glauben, dass wir immer daran denken, wie viel Gewinn wir für uns selbst aus einer Sache ziehen können.

Was habe ich davon, wenn ich einem Fremden sein Portemonnaie wiedergebe?
Ist das nicht total uneigennützig?
Ich finde es ausgesprochen eigennützig. Du wählst die Lösung, die dir ein gutes Gefühl gibt.
Oder du magst es einfach nicht, ein schlechtes Gewissen zu haben.

Ultra-eigennützig?

Nicht alle Entscheidungen lassen sich mit dem Modell des *Homo oeconomicus* erklären, sagen **Verhaltensökonomen**. In Experimenten zeigen sie, dass Menschen nicht nur an ihren eigenen Nutzen denken. Ein berühmtes Experiment ist das „Ultimatumspiel".

Hi, Frank und Nina! Willkommen zu unserem ULTIMATUMSPIEL!
Frank
Nina
Frank, du bist der Anbieter. Hier sind 100 Euro. Du kannst Nina davon so viel oder so wenig abgeben, wie du willst. Mache ihr ein Angebot!
Nina, du kannst entscheiden, ob du Franks Angebot annimmst oder nicht.
Aber denke daran: Wenn du sein Angebot ablehnst, bekommt ihr beide kein Geld. Keinen Cent! Schluss! Ende! Aus!
Nina
Wie wäre es, wenn ich 99 Euro behalte und du bekommst einen Euro?
Ich lehne ab! Das ist total ungerecht!

Frank verhält sich wie ein waschechter *Homo oeconomicus*, da er mit seinem Angebot von einem Euro die maximale Summe von 99 Euro behalten würde. Wäre Nina genauso geldgierig wie Frank, würde sie das Angebot tatsächlich *annehmen*. Ein Euro ist schließlich besser als kein Euro.

Viele Runden des Ultimatumspiels haben jedoch gezeigt, dass Anbieter in der Regel weit mehr als einen Euro anbieten und ihre Gegenspieler oftmals sogar Angebote von bis zu 40 Euro ablehnen. Für viele Menschen ist es wichtiger, sich gerecht zu verhalten und gerecht behandelt zu werden, als Geld zu bekommen.

Das Ultimatumspiel wurde sogar mit Schimpansen durchgeführt. Die Schimpansen zeigten einen ähnlichen Sinn für Gerechtigkeit wie die Menschen.

Anreize

Alles, was dich zu einer Entscheidung motiviert, ist ein **Anreiz**. Dabei kann es sich um eine Belohnung handeln, die dir jemand verspricht, oder um eine angedrohte Strafe.

Anreize können von anderen Menschen, der Gesellschaft oder der Regierung ausgehen.

Geld ist ein häufiger Anreiz. Menschen erhalten durch ihr Gehalt den Anreiz, eine Arbeit auszuführen.
500 €
Die Androhung von Gefängnisstrafen kann ein starker Anreiz sein, keine Verbrechen zu begehen.
Gute Prüfungsergebnisse sind ein Anreiz, fleißig zu lernen.

Manche Anreize sind ganz persönlich. Hier lautet die Frage: Was motiviert mich?

Das Geld ist schön, aber vor allem bin ich stolz darauf, meine Aufgabe zu erfüllen.
Meine Freunde können sich auf mich verlassen. Ich gehe eher ins Gefängnis, als dass ich sie verrate.
Ich lese einfach sehr gern.

Jeder muss für sich selbst entscheiden, wie er diese verschiedenen Anreize aufeinander abstimmt. Manche Menschen bevorzugen einen gut bezahlten Job, auch wenn er langweilig ist. Andere nehmen in Kauf, dass ein Arbeitsplatz weniger sicher ist, wenn sie die Tätigkeit als abwechslungsreich und erfüllend empfinden.

Beeinflussung von Entscheidungen

Regierungen und Unternehmen versuchen ständig, die Entscheidungen der Menschen durch Anreize zu beeinflussen. Hier sind einige Beispiele:

Kundenkarten von Kaffeehausketten belohnen treue, wiederkehrende Kunden.

Die Werbung mit Prominenten ist ein Anreiz für die Fans dieser Prominenten, bestimmte Produkte oder Marken zu kaufen.

Die Regierung kann die Steuern für Unternehmen erhöhen, die die Umwelt verschmutzen. Das bietet einen Anreiz für die Nutzung umweltfreundlicher Technologien.

Eine Regierung, die die Entwicklung neuer Technologien fördern möchte, kann Auszeichnungen für Investoren ausschreiben.

NACHRICHTEN
AUSZEICHNUNG FÜR FUSIONSGENIE!

Regierungen, die mithilfe von Anreizen bestimmte Verhaltensweisen ändern wollen, müssen sehr vorsichtig sein. Sind die Anreize schlecht geplant, ändert sich das Verhalten manchmal nicht in der gewünschten Weise.

Blutspenden sind ein wichtiger Teil der modernen Medizin, doch häufig ist es schwer, genug willige Blutspender zu finden.

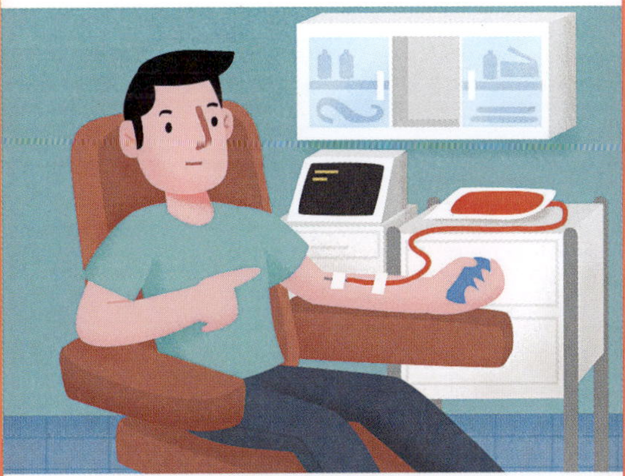

Man könnte meinen, dass die Leute mehr Blut spendeten, wenn sie dafür *bezahlt* würden …

… aber mehrere Studien haben gezeigt, dass die Anzahl an Blutspendern zurückgeht, wenn diese für die Blutspende bezahlt werden.

Spende Blut und erhalte 50 Euro!
O nein, für Geld tu ich das nicht!

Für die meisten Menschen liegt der Anreiz zum Blutspenden darin, dass es eine gute Tat ist. Dieses Gefühl wird untergraben, sobald die Bezahlung zum hauptsächlichen Anreiz für die Spende wird.

Wie treffen wir also Entscheidungen?

Stell dir vor, du willst dir ein Eis kaufen. Dir gehen jetzt wahrscheinlich eine ganze Reihe von Fragen durch den Kopf.

Hörnchen? Becher? Eis am Stiel?
Wie weit ist es bis zum Eiscafé? Zehn Minuten bis zum nächsten Eiscafé? Eine halbe Stunde bis zu einem besonders guten? Eine Stunde bis zum besten Eis in der Stadt?
Welche Sorte schmeckt am besten? Schokolade, Erdbeere, Vanille, Kirsche, Rhabarber, Banane, Schokominze, Karamell, Blaubeere ...
Wie viele Kugeln? Zwei? Vier? Neun???
Uaah! Zu viele Fragen!
Ist es nicht zu kalt für ein Eis?
Oder möchte ich eigentlich lieber eine Waffel mit Sahne?
Schokoladensoße? Oder lieber Krokantstreusel?
Wie viel will ich ausgeben? Viel oder nicht so viel?
Habe ich dann noch Hunger aufs Abendessen?

Jetzt stell dir vor, du müsstest denselben Prozess für alle deine Entscheidungen durchlaufen. Dann bekämst du ja nie etwas geschafft!

Aus diesem Grund denken die meisten Menschen über viele Entscheidungen gar nicht so lange nach. Sie verlassen sich lieber auf einfache **Faustregeln**, um nicht so lange überlegen zu müssen und sich schneller entscheiden zu können.

Ich hätte gern eine Kugel Vanilleeis im Hörnchen. Ich nehme immer Vanilleeis im Hörnchen – das schmeckt mir.

Eine schnelle Entscheidungsfindung ist effizienter ... aber sie hat ihren Preis. Verhaltensökonomen haben viele unbewusste Einflüsse identifiziert, die sich in schnelles Denken einschleichen und mit zu den Entscheidungen der Menschen beitragen.

Beeinflussung durch Verfügbarkeit

Menschen wählen die einfachste Lösung oder die erste Sache, die ihnen einfällt.

Wie heißt denn dein Hündchen?
Es heißt Flecki!
Ist dir wirklich kein besserer Name eingefallen?

Beeinflussung durch Ähnlichkeit

Menschen wählen eine Lösung, die zu dem passt, was sie bereits erlebt oder gesehen haben.

Ich stelle diesen Bewerber ein! Wir sind zur selben Schule gegangen, also muss er gut sein.
Reingefallen! Haha!

Beeinflussung durch Herdenverhalten

Menschen fühlen sich sicherer, wenn sie dieselbe Entscheidung wie andere Verbraucher treffen.

BURGER-WELT
Pasta-Palast
Dieses Lokal ist sehr beliebt. Ich esse heute hier.

Folgen unbewusster Einflüsse

Herdenverhalten kann eine **Preisblase** verursachen, wenn alle zur gleichen Zeit das gleiche Produkt kaufen wollen. Dadurch steigt der Preis dramatisch in die Höhe.

Es kann jedoch auch zu einem **Preiseinbruch** führen, wenn alle zur gleichen Zeit das gleiche Produkt verkaufen wollen. Mehr dazu, was nach einem sogenannten Crash passieren kann, findest du auf Seite 84.

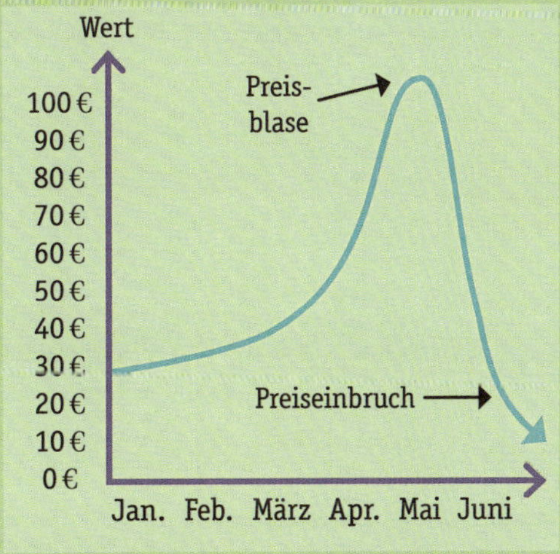
Wert
100 €
90 €
80 €
70 €
60 €
50 €
40 €
30 €
20 €
10 €
0 €
Preisblase
Preiseinbruch
Jan. Feb. März Apr. Mai Juni

Menschliches Ermessen

Manche unbewussten Einflüsse spielen eine Rolle, selbst wenn die Menschen glauben, dass sie alle Optionen sorgfältig bedacht haben. Zum Beispiel …

Fünf Euro ist ein guter Preis für diese Tasse. Ich kaufe sie.
5 €
Sobald Menschen eine Sache besitzen, neigen sie dazu, ihr einen zu hohen Wert beizumessen.
Ich gebe dir 100 Euro für die Tasse.
Niemals! Das ist meine Lieblingstasse!
Das ist der sogenannte Besitztumseffekt.
Menschen überschätzen die Wahrscheinlichkeit eines unwahrscheinlichen Ereignisses.
LOTTO
Dieses Mal gewinne ich ganz bestimmt im Lotto.
Dass dich ein Blitz trifft, ist rund 150-mal wahrscheinlicher, als dass du den Jackpot im Lotto gewinnst.
Uh, oh!
Es wird keinen Börsencrash geben.
FINANZ-SCHAU
Menschen überschätzen die Fähigkeiten von Experten, zukünftige Entwicklungen vorherzusagen.
DIE WIRTSCHAFT
BÖRSEN-CRASH!!!
In den meisten Fällen eignen sich einfache mathematische Modelle besser für eine Prognose als menschliches Ermessen.

Entscheidungen werden zudem enorm davon beeinflusst, *wie* bestimmte Informationen präsentiert werden. Dieser Prozess der Einbettung und Hervorhebung von Informationen wird als **Framing** bezeichnet. Anbieter nutzen diese Beeinflussung ständig, um Kunden dazu zu bringen, mehr Geld auszugeben.

Bei zwei Popcorn-Marken im Angebot bevorzugten zwei Drittel der Kunden die günstigere Marke und ein Drittel die teurere Marke.

Wurde jedoch eine dritte, teurere „Lockvogel"-Marke zum Angebot hinzugefügt, entschieden sich 90 Prozent der Kunden für das Popcorn mit dem mittleren Preis, auch wenn diese Marke zuvor die teuerste gewesen war.

Wird ein teureres Produkt zur Ablenkung angeboten, verleiten Unternehmen die Kunden dazu, das Produkt zu kaufen, das nur geringfügig günstiger ist. Die Kunden haben dadurch das Gefühl, ein gutes Geschäft gemacht zu haben.

Nudging

Durch das Framing von Entscheidungen können Menschen auch dazu gebracht werden, Entscheidungen zu treffen, die besser für sie sind. Das wird als **Entscheidungsarchitektur** oder **Nudging** (engl. für *stupsen*) bezeichnet.

Bei einem Experiment zur gesunden Ernährung fand man heraus, dass es nicht nötig ist, Junkfood völlig aus der Schule zu verbannen. Wenn gute, frische Lebensmittel auf Augenhöhe angeboten wurden, griffen die Schüler *aus freiem Entschluss* viel öfter zu Salat und Obst anstatt zu ihren üblichen fettigen oder süßen Snacks.

Risiko

Wenn du eine Entscheidung triffst, besteht die Möglichkeit, dass das erhoffte Ergebnis nicht eintritt. Das wird als **Risiko** bezeichnet. So wägt die Person unten beispielsweise die Risiken einer neuen Frisur ab.

Welcher Stil soll es sein?
Meine Traumfrisur ist ein Kurzhaarschnitt, aber es ist eine sehr große Veränderung. Ich habe Angst, dass ich es hinterher bereue.

Wenn Menschen eine Entscheidung treffen, wägen sie die Risiken gegen die mögliche Belohnung ab.

Mein Haarschnitt	Kurzhaarschnitt	Blondieren	Nachschneiden
Mein Risiko, dass ich es bereue	enorm	mittel	gering
Meine Belohnung	Traumfrisur	große Veränderung	Sicherheit

Okay, ich geh aufs Ganze und lasse mir die Haare kurz schneiden!

Der Kurzhaarschnitt war für diese Person ein enormes Risiko, aber die mögliche Belohnung war zu verlockend.

Sieht doch gut aus, oder?
SUPER! Ich wünschte, ich hätte so eine Frisur!
Genial!
Na ja, nicht wirklich.

Die Risikobereitschaft ist individuell ganz verschieden. Manche Menschen und Unternehmen sind risikofreudig, andere gehen lieber kein großes Risiko ein. Aber die Aussicht auf eine riesengroße Belohnung kann manchmal selbst die vorsichtigste Person dazu bringen, einen gewagten Schritt zu tun.

Welches Risiko darf es sein?

Auch wenn die Menschen stets Risiken und Belohnungen gegeneinander abwägen, tun sie es nicht immer auf die gleiche Weise. Die Einstellung zum Glücksspiel hängt zum Beispiel davon ab, ob jemand gerade Geld gewinnt oder Geld verliert.

Probiere dieses Experiment aus:

Welches Paket hätten Sie denn gern?
PAKET A
GEWINNEN SIE GARANTIERT 900 EURO!
PAKET B
GEWINNEN SIE 1000 EURO, MIT 90% GEWINNCHANCE!
(ZEHNPROZENTIGE WAHRSCHEINLICHKEIT, NICHTS ZU GEWINNEN)
Wie sieht es jetzt aus? Wählen Sie C oder D.
PAKET C
VERLIEREN SIE GARANTIERT 900 EURO!
PAKET D
VERLIEREN SIE 1000 EURO, MIT 90% VERLUSTCHANCE!
(ZEHNPROZENTIGE WAHRSCHEINLICHKEIT, NICHTS ZU VERLIEREN)

Ergebnis

Die meisten Menschen wählen in der ersten Runde Box A mit dem geringeren Risiko. In der zweiten Runde sind die meisten Menschen jedoch dazu bereit, ein größeres Risiko einzugehen. Da sie hoffen, *gar nichts* zu verlieren, riskieren sie die Entscheidung für Box D.

Menschen *verabscheuen* es viel mehr, etwas zu verlieren, als dass es ihnen *gefällt*, etwas zu gewinnen. Folglich gehen sie größere Risiken ein, um einen eventuellen Verlust zu vermeiden. Aus diesem Grund ist es manchmal sinnvoll, dass Regierungen schlechtes Verhalten bestrafen, statt gutes Verhalten zu belohnen.

Menschen finden es ***absolut schrecklich***, Geld zu verlieren.

Gruppenentscheidungen

Wenn Menschen eine Ressource gemeinsam nutzen, müssen sie oft in der Gruppe bestimmte Entscheidungen treffen. Diese sollen für jeden Einzelnen vorteilhaft sein, und darüber kann es zu Unstimmigkeiten kommen. Schau dir dieses Beispiel eines Dorfes an, das von der Schafzucht lebt:

Die Dorfbewohner lassen ihre jeweiligen Herden auf gemeinsamem Land weiden.
Die Schafe werden immer dicker und die Bauern immer reicher. Also kaufen sie alle mehr Schafe.
Wenn aber jeder mehr eigene Schafe auf dem gemeinsamen Land weiden lässt, bleibt weniger Gras für die Schafe der anderen übrig. Allmählich wird das Gras knapp.
BUMS!
Da bald kein Gras mehr da ist, sind auch bald keine Schafe mehr da. Alle sind im Nachteil und die Bauern werden wieder arm.

Solche negativen Entwicklungen gibt es auch im richtigen Leben. Wenn mehrere Menschen, Städte oder sogar ganze Länder eine Ressource gemeinsam nutzen, übernutzen sie diese oft. Wirtschaftswissenschaftler sprechen von der **Tragik des Allgemeinguts**. Hier sind einige Beispiele:

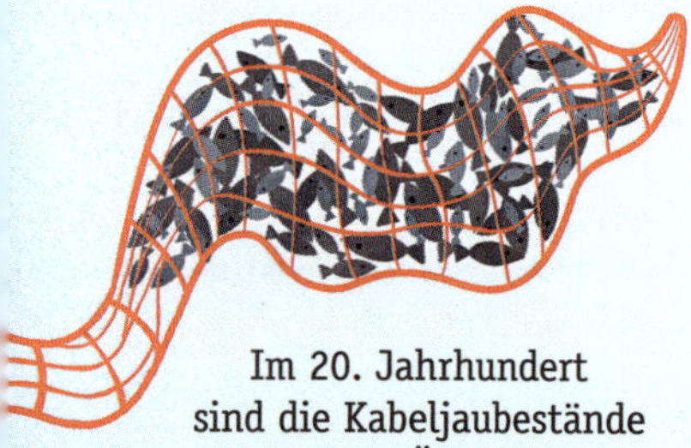

Im 20. Jahrhundert sind die Kabeljaubestände infolge von Überfischung zusammengebrochen.

Die Straßen sind verstopft, wenn zu viele Menschen mit dem Auto zur Arbeit fahren.

Länder produzieren so viel CO_2, dass sich die Erde immer stärker erwärmt und dadurch die Erdatmospähre geschädigt wird.

Die amerikanische Wirtschaftswissenschaftlerin Elinor Ostrom erforschte, wie sich derartige Situationen verhindern lassen. Im Jahr 2009 wurde sie als erste Frau mit dem Nobelpreis für Wirtschaftswissenschaften ausgezeichnet. Ihre Lösung besagt, dass die Menschen besser miteinander kommunizieren müssen.

Vorschriften, die die Menschen *zwingen*, die gemeinsamen Ressourcen *nicht* übermäßig zu nutzen, sind nicht immer wirksam.
ANGELN VERBOTEN!

Ostrom reiste rund um die Welt und untersuchte Gemeinschaften, in denen die Menschen Ressourcen gemeinsam nutzen.

Sie fand heraus, dass Nachbarn, die alle nahe an der Ressource wohnten und viel miteinander sprachen …
… die gemeinsame Ressource nicht übernutzten.

Starke Gemeinschaften unterstützen ihre Mitglieder dabei, bessere Entscheidungen zu treffen. Wenn die Menschen sich gegenseitig kennen und sich vertrauen und wenn sie wissen, welche Verhaltensweisen von ihnen erwartet werden, ist ihr Verhalten meist weniger stark auf den eigenen Nutzen ausgerichtet.

Aber wie können wir den gesamten Planeten retten? Wir können nicht mit sieben Milliarden Menschen gut *benachbart* sein.
Da hast du recht.
Es ist aber ein guter Anfang, wenn wir uns in unserer direkten Nachbarschaft engagieren. Und jetzt hilf mir, diesen Baum zu pflanzen!

4. Kapitel: Herstellung, Gewinn und Wettbewerb

Die meisten Menschen kaufen das, was sie brauchen, von anderen Menschen oder **Unternehmen**. Unternehmen stehen untereinander im **Wettbewerb**, wer die meisten Kunden anzieht. Ein erfolgreiches Unternehmen nimmt mehr Geld ein, als es ausgibt. Das Unternehmen macht **Gewinn**.

Unternehmer müssen viele Entscheidungen treffen, wenn sie sich gegen ihre Mitbewerber durchsetzen und einen guten Gewinn erzielen wollen …

Was macht ein Unternehmen?

Unternehmen können ganz unterschiedlich groß und ganz verschieden aufgebaut sein. Doch eins haben sie alle gemeinsam: Sie stellen Güter und Dienstleistungen her, welche die Menschen benötigen, und sie tauschen ihre Produkte gegen Geld ein.

Alle Unternehmen geben Geld aus …

Das Geld, das ein Unternehmen für die Herstellung und den Verkauf seiner Produkte ausgibt, wird als **Kosten** bezeichnet.

Ich muss Wolle, Füllmaterial, Baumwolle und Glas kaufen, um meine Teddybären herzustellen.
MEGABÄR
GMBH

Wenn Kosten bereits angefallen sind, spricht man von **versunkenen Kosten**.

Manche Kosten sind **variabel** und hängen davon ab, in welchen Mengen ein Unternehmen ein bestimmtes Produkt herstellt. Ist die Produktionsmenge größer, steigen auch die Kosten.

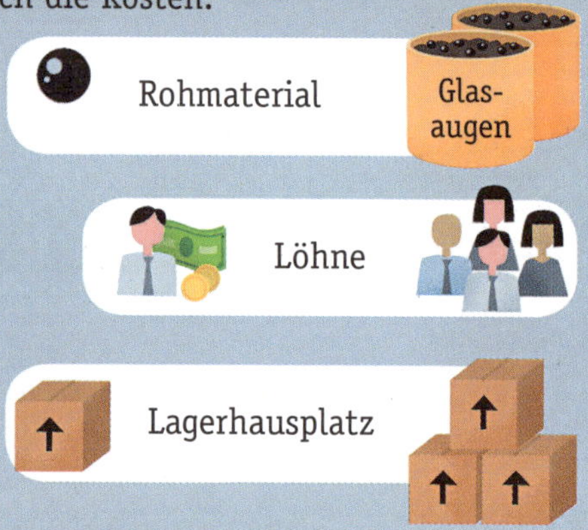
Rohmaterial
Glas-augen
Löhne
Lagerhausplatz

Manche Kosten werden als **fixe Kosten** bezeichnet, da sie immer gleich bleiben, egal wie viel ein Unternehmen von einem bestimmten Produkt herstellt.

Miete
Schulden
Führungskräfte
KAUF MICH!
Werbung

… und versuchen, Geld zu verdienen.

Das Geld, das ein Unternehmen durch den Verkauf seiner Produkte einnimmt, ist sein **Umsatz**.

Wir haben 100 Stühle für 500 Euro pro Stück verkauft. Das ist ein Erlös von 50 000 Euro.

Alle Unternehmen wollen Gewinn machen

Der **Gewinn** ist das Geld, das vom Umsatz übrig bleibt, nachdem alle Kosten bezahlt sind. Der Gewinn ist der Anreiz für die Risiken und die harte Arbeit.

Umsatz – Kosten = Gewinn

MEGABÄR hat in diesem Jahr Teddybären im Wert von 10 000 000 Euro verkauft. Unsere Kosten betrugen 9 000 000 Euro.
Wir haben einen ordentlichen Gewinn gemacht.
ROSIS STUHLWERKSTATT
Unser Umsatz betrug 50 000 Euro, aber wir hatten Kosten in Höhe von 55 000 Euro …
Wir haben Verlust gemacht.

Alle Unternehmen stehen im Wettbewerb

Auf den meisten Märkten müssen sich Unternehmen hart gegen ihre **Mitbewerber** durchsetzen, um Kunden anzulocken. Die Unternehmen wollen, dass die Kunden sich für *ihre* Produkte entscheiden und nicht für die Produkte der Konkurrenz.

Das Geheimnis unseres Erfolgs? Unsere Teddybären sind von höchster Qualität und die Kunden vertrauen uns!
Ich bin ja auch sehr süß.
Wir müssen uns mehr anstrengen und unsere Preise senken, um mehr Kunden zu gewinnen.
Geringere Preise, höhere Nachfrage!

Groß und klein

Die jeweilige Größe eines Unternehmens hat Vorteile und Nachteile.

Kleine Unternehmen ...

... sind einfacher zu führen, da ihr Aufbau übersichtlich ist.

... können sich schnell an Marktveränderungen anpassen.

... können stark spezialisierte Produkte anbieten, um sich von den Mitbewerbern abzusetzen.

Was ist diese Woche unsere neue Idee?
Lass uns mal recyceltes Material ausprobieren.
ROSIS STUHLWERKSTATT
Wir können eine Linie von Stühlen aus recycelter Pappe einführen!

Ein Nachteil von kleinen Unternehmen besteht darin, dass sie oft andere Unternehmen für bestimmte Aufgaben bezahlen müssen.

Wir müssen ein anderes Unternehmen für die Auslieferung unserer Stühle bezahlen.
Wir fahren für MEGABÄR!

Große Unternehmen ...

... können alles, was sie brauchen, selbst herstellen und steuern, vom Entwurf bis hin zu Werbung und Vertrieb. Dadurch sparen sie Kosten.

Das liegt daran, dass die Herstellung eines Produktes günstiger wird, je mehr von diesem Produkt hergestellt wird. So sind große Unternehmen auch in der Lage, große Gewinne zu erzielen, weil …

… spezialisierte Arbeiter und Verfahren effizienter sind.

… Rohstoffe in großen Mengen günstiger sind.
Glasaugen
Baumwolle

… fixe Kosten, wie etwa Steuern und Miete, sich über höhere Verkaufszahlen verteilen.

Alle diese Faktoren werden als **Skaleneffekt** bezeichnet.

Ist größer immer besser?

Ab einem gewissen Punkt lohnt sich ein Unternehmenswachstum nicht mehr, da die Kosten wieder steigen und der Umsatz sinkt. Das wird als **negativer Skaleneffekt** bezeichnet. Größere Unternehmen stoßen an ihre Grenzen, weil …

… es schwierig ist, sie zu führen und Veränderungen durchzusetzen.

… die verschiedenen Abteilungen nicht wissen, was in den anderen Abteilungen passiert.

MEGABÄR GMBH
… Angestellte oft meinen, dass ihre Arbeit nicht gewürdigt wird, und deshalb weniger hart arbeiten.
Ssss!
Plauder!
Schwatz!

Seine Grenzen erkennen

Man könnte meinen, dass jedes Unternehmen bestrebt ist, die größtmögliche Menge seines Produktes herzustellen, um den größtmöglichen Gewinn zu erzielen. Aber so einfach ist das auch wieder nicht.

Wir haben diese Woche fünf Stühle aus recyceltem Sperrholz verkauft und einen Gewinn von 1000 Euro gemacht.
Stell dir vor, wie groß unser Gewinn wäre, wenn wir 1000 Stühle verkauften!
Fritz, wir können unmöglich 1000 Stühle pro Woche bauen und verkaufen. Dafür müssten wir weitere Schreiner einstellen, eine Lagerhalle kaufen und jedem von uns ein Paar zusätzliche Arme anschrauben!
Du hast recht. Aber 100 zusätzliche Stühle könnten wir schaffen.
Handgefertigter Stuhl:
300 €
Massengefertigter Stuhl:
30 €
Für einen Stuhl zu unserem Preis besteht keine entsprechende Nachfrage. Wir müssten die Preise für alle unsere Stühle enorm senken, wenn wir 100 neue Kunden finden wollen. Das lohnt sich wahrscheinlich nicht.
Okay, okay, ich verstehe schon. Wie wäre es also, wenn wir nur *wenige* zusätzliche Stühle bauen und verkaufen? Aber wie viele sollten das sein?

Viele Unternehmen scheitern, weil sie nicht wissen, wann sie mit dem Wachstum aufhören sollen. Um zu entscheiden, wie viel sie herstellen sollen, schauen sich gut geführte Unternehmen die Kosten und den möglichen Gewinn für nur *ein einziges* weiteres Produkt an. Werden die Auswirkungen einer kleinen Veränderung im Gesamtprozess untersucht, spricht man von einer **Marginalanalyse**.

1. Baue ich einen weiteren Stuhl?

2. Berechne die Kosten für die Herstellung eines weiteren Stuhls.

3. Berechne den Preis, zu dem du den Stuhl verkaufen kannst, und ermittle, wie das die Preise deiner anderen Stühle beeinflusst.

4. Erziele ich immer noch einen Gewinn?

JA → Baue einen weiteren Stuhl. Jetzt wiederhole Frage 1.

NEIN → Baue keine weiteren Stühle.

Jeden Tag treffen Menschen Entscheidungen, die auf dieser Marginalanalyse beruhen, selbst wenn sie es gar nicht bemerken. Ein Beispiel: Lohnt es sich, eine Stunde länger wach zu bleiben, um ein neues Computerspiel zu spielen?

Dieses Spiel ist echt cool! Ich bleibe die ganze Nacht wach, damit ich es zu Ende spielen kann.
Schreiben wir morgen nicht eine Mathearbeit? Du wirst viel zu müde sein.
Hm … wenn ich bis zwei wach bleibe, kann ich immer noch fünf Stunden schlafen.
Das ist immer noch keine besonders gute Idee!

Nicht nur Hersteller müssen Marginalentscheidungen treffen, sondern auch Kunden. Ein Beispiel: Lohnt es sich, noch einen Hamburger zu essen?

Diesen Hamburger schaffen Sie auch noch. Für Sie kostet er nur die Hälfte!
Nein, danke! Ich hatte schon drei. Ich bin pappsatt.

Je größer dein Verbrauch einer Sache ist, umso mehr sinkt in der Regel der Nutzen. Schließlich lohnt es sich nicht mehr, mehr von einer Sache zu haben, selbst wenn der Preis abnimmt.

Wettbewerb

Wettbewerb macht Produkte für die Verbraucher günstiger und verhilft ihnen zu einer größeren Auswahl. Außerdem wird die Wirtschaft durch Wettbewerb effizienter. Hier siehst du, wie ein wettbewerbsorientierter Markt funktioniert:

Wenn ein Unternehmen gut läuft, werden andere Unternehmen versuchen, das gleiche Produkt oder die gleiche Dienstleistung anzubieten.

Mitbewerber bieten oft niedrigere Preise, um Kunden anzulocken. Jetzt muss das ursprüngliche Unternehmen *seine* Preise senken, da es nichts mehr verkauft, wenn es zu hohe Preise verlangt. Das wird als **Preiswettbewerb** bezeichnet.

Unternehmen können zudem Kunden gewinnen, indem sie Dienstleistungen ausbauen oder leistungsfähiger sind. Wenn sie ihre Ressourcen besser nutzen und weniger verschwenden, erzielen sie einen Vorteil gegenüber ihren Mitbewerbern.

Der Preis für Misserfolg ist gepfeffert. Ein Unternehmen, das nicht wettbewerbsfähig ist, wird nicht lange überleben.

Aber wie setzt man sich gegen seine Mitbewerber durch? Um dem Preiswettbewerb zu entgehen, entwickeln Firmen ständig neue Ideen und verkaufen verbesserte Produkte:

Technologie

Durch die Erfindung neuer Technologien oder Produkte können Unternehmen ihre Mitbewerber hinter sich lassen. So hat zum Beispiel seit der Erfindung des Automobils der von Pferden gezogene Transport stetig abgenommen.

Bis später, alter Freund!

Qualität

Durch die Herstellung eines besseren Produktes kann sich ein Unternehmen von seinen Mitbewerbern absetzen. Ist ein Unternehmen für gute Qualität bekannt, kann es höhere Preise verlangen.

Produktivität

Unternehmen mit einer besseren Produktivität können Dinge schneller und günstiger herstellen als ihre Mitbewerber. Henry Ford hat im Jahr 1913 genau das getan, als er das **Fließband** erfand ...

Bei dieser Form der Herstellung sind alle Arbeiter auf eine bestimmte Aufgabe spezialisiert.

Werbung

Menschen kaufen ein Produkt eher, wenn sie schon einmal davon gehört haben. Daher sind Unternehmen, die durch Werbung ihre Kunden direkt ansprechen, in der Regel erfolgreicher ... auch wenn die Werbung Geld kostet.

DAS BESTE, DAS EINZIGE MODELL T
Amerikas zuverlässigstes Automobil

Wettbewerb fördert die Entwicklung neuer, spannender Ideen und besser geführter Unternehmen, aber er kann auch dazu führen, dass Unternehmen aufgeben müssen. Dieser Prozess wird als **schöpferische Zerstörung** bezeichnet. Viele Regierungen helfen den Menschen, die dadurch ihren Job verlieren.

Monopole

Stell dir vor, dir gehörte die gesamte Schokolade, die es auf der Welt gibt. Du könntest allein entscheiden, wie viel du davon verkaufst und zu welchem Preis. Wenn ein Unternehmen auf diese Weise einen bestimmten Markt vollständig kontrolliert, spricht man von einem **Monopol**.

Eine heiße Schokolade mit Sahne, bitte.
Das macht eine Million Dollar … und wir haben leider keine Sahne.
Das ist ja absurd!
Wenn Sie eine heiße Schokolade wollen, dann müssen Sie so viel bezahlen.

In einem Monopol gibt es keinen Wettbewerb. Das führt meist dazu, dass es weniger Produkte mit weniger Vielfalt gibt und die Preise höher sind. Ein Monopol ist ein weiteres Beispiel für ein Marktversagen.

Manche Monopole werden von Regierungen und Gesetzen errichtet. So dürfen zum Beispiel in manchen Ländern Apotheker oder Taxifahrer ihr Gewerbe nur mit einer behördlichen Erlaubnis führen.
Haben Sie eine Konzession?
Unternehmen können auch Monopole errichten, indem sie alle ihre Mitbewerber aufkaufen.
A GMBH, STAMMSITZ
Die gehören alle miiiir!
L GMBH
F GMBH
J GMBH

Nicht alle Monopole sind schlecht. In manchen Fällen sind sie sogar durchaus sinnvoll.

Stell dir vor, acht Wasserwerke wollten alle eine Wasserleitung zu deinem Haus verlegen.

Ich will keinen neuen Anbieter!
Wasserwerk Brunnen
Flusswasserwerk
Wasser & Co.
Stadtwasser
Wasserbetrieb Quell
Nasswasser GmbH
Kommunalwasser

Manchmal ist Wettbewerb unpraktisch oder unmöglich. In einer solchen Situation spricht man von einem **natürlichen Monopol**. Jetzt muss die Regierung die Verbraucher schützen und dafür sorgen, dass der Preis für das Produkt fair ist.

Ein sehr erfolgreiches Unternehmen kann ein Monopol errichten. Um sich nicht den Herausforderungen seiner Mitbewerber stellen zu müssen, kann es bestimmte Schranken schaffen, um seine Stellung zu schützen.

Diese Schranken sind in Ordnung, solange sie *fair* sind. Ist ein Unternehmen gut geführt oder entwickelt eine Idee, die andere Unternehmen nicht nachahmen können, soll es auch weiterhin erfolgreich sein dürfen ... oder nicht?

Regulierung von Monopolen

In manchen Fällen schaffen Unternehmen mit Absicht *unfaire* Schranken für ihre Mitbewerber. Jetzt müssen die Regierungen einschreiten und den Markt **regulieren**, damit die Mitbewerber auch eine Chance auf Erfolg haben. Sogenannte **Wettbewerbsgesetze** sollen unfaire Schranken verhindern.

Im Jahr 1982 erklärte die US-amerikanische Regierung, dass der US-Telekommunikationskonzern AT&T, der alle Fernsprechleitungen in den USA besaß, ein unfaires Monopol innehatte. Das Unternehmen wurde in sieben kleinere Unternehmen aufgeteilt und die sogenannten *Baby Bells* mussten fortan miteinander konkurrieren.

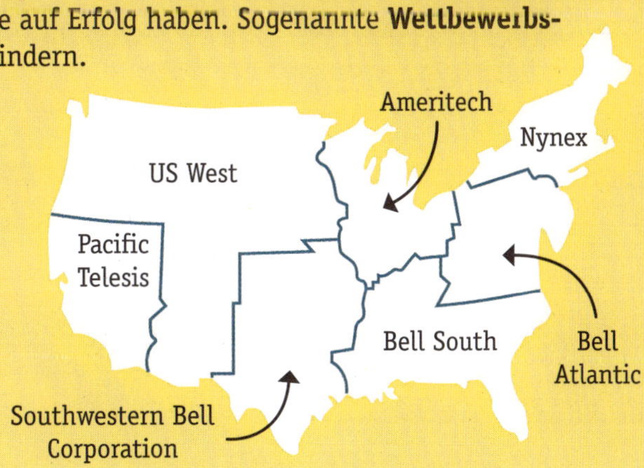

Oligopole

Oft werden Märkte nicht von einem einzigen, sondern von einigen wenigen großen Unternehmen beherrscht. Das wird als **Oligopol** bezeichnet. Hier ist ein (erfundenes) Beispiel:

SCHACHMATT

Schachmatt und *Rössel* sind die beiden größten Hersteller von Schachspielen in einem Land. Sie haben nicht viele Mitbewerber, daher fürchten sie hauptsächlich den gegenseitigen Wettbewerb.

RÖSSEL

Ein Unternehmen versucht, die Preise des anderen zu unterbieten.

Wir bei Schachmatt haben entschieden, unsere Preise zu senken.
Wir gewinnen mehr Kunden …
40€ 25€
40€
… und machen mehr Gewinn.

Aber es weiß auch, dass das andere Unternehmen darauf reagieren wird:

Nein, das werdet ihr nicht. WIEHER!
Wir senken *auch* unsere Preise, um unsere Kunden zu behalten!
40€ 25€
40€ 25€
Auch wenn wir *beide* Verluste machen werden!

Was ist die beste Lösung für die beiden Unternehmen?

Der Zweig der Wirtschaftswissenschaft, der anhand von Modellen zeigt, wie Rivalen sich verhalten, heißt **Spieltheorie** (mehr dazu auf Seite 107). Eine der Methoden der Spieltheorie besteht darin, die Konsequenzen verschiedener Entscheidungen in einem Raster bildlich darzustellen:

RÖSSEL

SCHACHMATT	Preise beibehalten	Preise senken
Preise beibehalten	Rössel: = gleicher Gewinn wie zuvor Schachmatt: = gleicher Gewinn wie zuvor	Rössel: = viel höherer Gewinn Schachmatt: = viel geringerer Gewinn
Preise senken	Rössel: = viel geringerer Gewinn Schachmatt: = viel höherer Gewinn	Rössel: = weniger Gewinn Schachmatt: = weniger Gewinn

Das Modell sagt vorher, dass jedes einzelne Unternehmen mehr Gewinn machen wird, wenn es seine Preise senkt. Also werden *beide* Firmen ihre Preise senken und *weniger* Gewinn machen – außer sie können sich einig werden, die Preise hoch zu halten …

Wir sollten uns einigen, unsere Preise nicht zu senken. Das ist zwar nachteilig für unsere Kunden …
… aber wir machen *beide* mehr Gewinn! Einverstanden!

Große Unternehmen einigen sich manchmal darauf, nicht miteinander zu konkurrieren, um höhere Gewinne zu machen. Die Unternehmen bilden ein sogenanntes **Kartell**. Das ist in vielen Ländern gesetzlich verboten.

Auswirkungen auf die Welt

Märkte sollen Unternehmen und Verbrauchern helfen, gerechte Preise zu finden. Manchmal sind sie jedoch nicht in der Lage, alle Faktoren einzubeziehen. Die sogenannten **externen Effekte** begründen eine weitere Form von Marktversagen. Hier sind zwei Beispiele:

Die Bienengeschichte

Während die Bienen eines Imkerbetriebs den Honig machen, bestäuben sie die Pflanzen für die umliegenden Bauernhöfe. Das ist ein **positiver externer Effekt.**

HONIG 5,00 €
JETZT 2,50 €

Die umliegenden Bauern können mehr anbauen und dadurch höhere Gewinne einfahren. Die Imkerin hat jedoch Schwierigkeiten, ihren Honig zu einem guten Preis zu verkaufen. Ihr Unternehmen scheitert, was sich auch auf die Gemeinschaft auswirkt.

Das Problem liegt darin, dass sich der Marktpreis nur auf den Honig in den Gläsern bezieht. Der Preis spiegelt nicht die Tatsache wieder, dass die Bienen nützliche Arbeit für die umliegenden Bauern verrichten.

Wer sollte für die wahren Kosten des Honigs bezahlen?

Die Bananengeschichte

Eine Bananenplantage braucht viel Kunstdünger. So können unzählige Bananen billig angebaut werden ...

... aber wenn es regnet, sickert der Kunstdünger in die nahe gelegenen Flüsse. Die Algen in den Gewässern wachsen jetzt so schnell, dass sie den gesamten Sauerstoff im Wasser verbrauchen.

Ohne Sauerstoff sterben zahlreiche Fische und die Fangquoten der lokalen Fischer gehen zurück. Das ist ein **negativer externer Effekt.**

Wer sorgt dafür, dass die Fischer einen Ausgleich für ihr verlorenes Einkommen erhalten?
Müssen wir nicht auch das Umweltproblem lösen?

Anreize ändern

Wenn externe Effekte zu einem Marktversagen führen, ist es häufig Aufgabe der Regierung, Gegenmaßnahmen zu ergreifen. Zu diesem Zweck kann sie viel Geld ausgeben. Das wahre Ziel liegt jedoch darin, das Verhalten von Unternehmen – und Menschen – zu verändern.

Positive Anreize

Um Imker zu unterstützen, zahlen die Regierungen mancher Länder ihnen regelmäßige Geldleistungen oder **Subventionen**. Das erscheint anderen Unternehmen gegenüber ungerecht, aber es ist eine Möglichkeit, um sicherzustellen, dass genug Imker mit ihren Bienen für eine gute Ernte der Bauern sorgen.

Ich mache zwar immer noch keinen Gewinn mit meinem Honig …
… aber wenigstens verdiene ich genug, um mein Unternehmen weiterzuführen.

Vielleicht sollten wir weniger Kunstdünger verwenden?
Bußgeld

Negative Anreize

Viele Regierungen verlangen Bußgelder von Unternehmen, wenn diese die Umwelt schädigen. Ist das Bußgeld hoch genug, um den Gewinn der Hersteller wesentlich zu reduzieren, sind diese gezwungen, neue Wege für ihre Unternehmen zu finden, die keine Umweltprobleme verursachen.

Regierungen setzen Anreize auch ein, um das Verhalten der Verbraucher zu ändern. Oft versuchen sie, mehrere externe Effekte gleichzeitig anzugehen:

Nachrichten
Immer schlechtere Luft!!!
Regierung bietet Fahrradfahrern mehr Geld
Menschen immer dicker!!!

Positive Anreize

Durch Zuschüsse für Pendler, die mit dem Fahrrad anstatt mit dem Auto zur Arbeit fahren, kann eine Regierung die Luftqualität und gleichzeitig die öffentliche Gesundheit verbessern.

Negative Anreize

Durch eine Erhebung von Gebühren für Autofahrer, die ins Stadtzentrum fahren möchten, kann eine Regierung die Umweltverschmutzung reduzieren und die Bürger anregen, zu Fuß zu gehen oder mit dem Fahrrad zu fahren.

Keine
Kinderarmut
bis 2025

5. Kapitel: Wirtschaftssysteme

Ein **Wirtschaftssystem** ist die Gesamtheit aller Bestimmungen, die regeln, wie Ressourcen gemeinsam genutzt und getauscht werden.

In manchen Gemeinschaften bestimmen Traditionen und Familienbande, wie die Ernte aufgeteilt wird oder wie Dinge hergestellt werden. In den meisten Gebieten haben jedoch Märkte und Regierungen diese Rolle übernommen.

Regierungen ziehen zudem Geld von Bürgern und Unternehmen ein, die sogenannten **Steuern.** Dann überlegen sie, wofür sie das Geld ausgeben, damit es auf die gesamte Gesellschaft aufgeteilt wird. Die Festlegung, wie hoch die Steuern sein sollen und wie die Steuereinnahmen wieder ausgegeben werden, ist eine zentrale Aufgabe eines Wirtschaftssystems.

Gerechtes Teilen

Du hast bestimmt schon verschiedene Methoden erlebt, wie über Ressourcen entschieden wird und wie sie aufgeteilt werden. So oder so ähnlich funktioniert das auch bei verschiedenen **Wirtschaftssystemen.**

Manchmal entscheidet eine Person allein.
Heute Abend gibt es Nudeln mit Brokkoli.
Aber …
Kein Aber! Das gibt es heute und damit basta.

Manchmal darfst du auswählen.
Jelly Beans
Lakritz
Kaugummi
Drops
Lollis
Kaugummi
Jelly Beans
Von jedem eins, bitte!

Eine Gruppe, zu der du gehörst, entscheidet gemeinsam.
Wir wollen darüber abstimmen, was wir heute Nachmittag machen. Hebt eure Hand, wenn ihr malen wollt.
Pfff, langweilig.
Hurra!

Und manchmal kommt es einem so vor, als gäbe es überhaupt kein System.
He, ich bin dran!
Jetzt nicht mehr!

Die Ziele des Teilens

Genau wie ihr zu Hause oder in der Schule muss auch jedes Land entscheiden, wie es mit seinen Ressourcen umgeht. Hier sind einige Ziele, die Regierungen möglicherweise verfolgen, wenn sie Dinge aufteilen.

Freiheit

Jeder Mensch ist anders. Alle Menschen sollten frei entscheiden können, was sie wollen und was sie brauchen.

Gleichheit

Alle Menschen sollten Zugang zu denselben Dingen und Möglichkeiten haben, unabhängig davon, wie viel sie brauchen oder wie viel Geld sie haben.

Gesunde Umwelt

Es ist extrem wichtig, dass Tiere, natürliche Ressourcen und das Klima nicht durch menschliches Handeln gefährdet werden.

Stabilität

In Krisenzeiten, wie etwa bei Naturkatastrophen, entscheidet manchmal die Regierung, was hergestellt und wie es aufgeteilt werden soll.

Wohlstand

Die Herstellung von Dingen, die das Land reicher machen, verhilft allen zu einem besseren Leben.

Das Ziel unserer Regierung ist Gleichheit! Ein armer Mensch hat genauso viel Recht auf einen vollen Magen wie ein reicher Mensch.
Wir wollen, dass unser Land reicher wird. Das hilft auf lange Sicht den Armen und den Reichen.
Ich finde, wir sollten nicht nur ein Ziel wählen!

Es wird viel und lange debattiert, wie Ressourcen am besten aufgeteilt werden und welches das beste Wirtschaftssystem ist. Auf den nächsten Seiten findest du einige Beispiele von Systemen, die die Menschen im Laufe der Zeit ausprobiert haben.

Der Markt lenkt

Eine Wirtschaftsmethode besteht darin, dass die Regierung sich *überhaupt nicht* einmischt. Das wird als **freie Marktwirtschaft** bezeichnet. Dieses System herrschte zeitweise im 19. Jahrhundert in Großbritannien.

Damals vollzog sich in Großbritannien eine große Veränderung, die sogenannte **industrielle Revolution**.

Überall wurden Fabriken gebaut. Die Maschinen in den Fabriken konnten viele Produkte schnell und billig herstellen.

Durch neue Erfindungen wie Züge und Briefmarken konnten sich die Menschen schneller fortbewegen und einfacher miteinander kommunizieren.

Die Menschen, die Land, Fabriken und Maschinen besaßen, die sogenannten **Kapitalisten**, verdienten sehr viel Geld.

Die industrielle Revolution brachte einigen Menschen großen Wohlstand. Zu Beginn des 20. Jahrhunderts lebte jedoch ein Viertel des Landes in Armut. Die Politik der Regierung wurde als ***Laissez-faire*** beschrieben, was bedeutete, dass die Kapitalisten ihre Unternehmen frei und ohne Eingriffe führen konnten. Später wurde das System als **Kapitalismus** bezeichnet.

Was sollen wir tun, um diese Probleme zu lösen?
Der alte Anzeiger
Der alte Anzeiger
KINDERARBEIT IN FABRIKEN

Gar nichts! Wenn wir den Armen helfen, lernen sie niemals, sich selbst zu versorgen!
AUSBREITUNG VON KRANKHEITEN IN ARMENVIERTELN
ALTE ZEITUNG
KARTOFFELMISSERNTE IN IRLAND FORDERT EINE MILLION OPFER

Die Entscheidung der Regierung, sich nicht einzumischen, löste die Probleme nicht. Sie wurden eher schlimmer. Das System bedurfte einer Reform.

Die Regierung lenkt

Um den Kapitalismus in den Griff zu bekommen, experimentierten die Menschen in der ganzen Welt damit, den Regierungen mehr Macht zu geben. Besonders drastische Änderungen wurden zum Beispiel in den 1960er-Jahren in Kuba eingeführt.

Revolutionäre stürzten die kubanische Regierung und führten den sogenannten **Kommunismus** ein. Damit verfolgten sie das Ziel, die Ressourcen des Landes zu gleichen Teilen an alle Bürger zu verteilen.

Inspiriert waren sie von den Ideen des deutschen Ökonomen Karl Marx.

Jeder nach seinen Fähigkeiten, jedem nach seinen Bedürfnissen.

Bildung für alle!
Niemand wird jemals wieder arbeitslos sein oder hungern müssen.

Die neue Regierung schuf zahlreiche Wirtschaftspläne. Dieses System wird als **Planwirtschaft** bezeichnet.

Damit alle Menschen genug zu essen haben, müssen die Bauern folgende Mengen produzieren:
Kubanische Nahrungsproduktion (Tonnen)
1000 t Reis
1500 t Bohnen
2000 t Kartoffeln

Die Regierung übernahm das gesamte Ackerland, alle Fabriken und alle Unternehmen, um die Pläne umsetzen zu können.

Jawohl!

Die Ressourcen wurden meist gerecht aufgeteilt, aber es gab auch enorme Probleme …

Die Menschen sahen nicht ein, dass sie nur für das Gemeinwohl arbeiten sollten.

Warum produzieren wir weniger Nahrung als früher?
Warum sollte *ich* mich abrackern, wenn *du* mir sowieso alles wegnimmst!

Es war schwer, vorherzusehen, was Millionen von Menschen möglicherweise wollten oder brauchten.

Nur noch wenig auf Lager

In der Praxis erwies es sich nicht als vorteilhaft, Regierungen oder Märkten die gesamte Kontrolle zu übertragen. Die meisten Länder haben seitdem versucht, ausgewogenere Mischsysteme einzuführen.

Gemischte Wirtschaftsordnung

Heutzutage herrscht in den meisten Ländern der Welt eine sogenannte **gemischte Wirtschaftsordnung**, in denen die Regierungen die Verantwortung für bestimmte Bereiche übernehmen und andere Bereiche vom Markt gelenkt werden. Das funktioniert *ungefähr* so:

Regierung

Die Regierung erlässt Gesetze, die den Menschen das *Recht* sichern, Sachen, Ideen und Entwürfe zu besitzen. Darüber hinaus legt sie Vorschriften fest, was Unternehmen dürfen und was nicht.

Die Regierung versucht auch, die Wirtschaft zu steuern und bestimmte Ziele für Preise oder die Bekämpfung von Arbeitslosigkeit und Armut zu setzen.

Keine Kinderarmut bis 2025

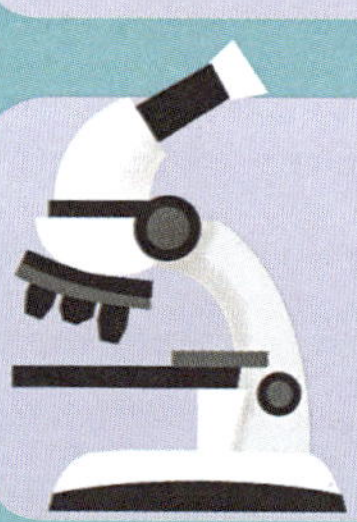

Sie fördert zukunftsträchtige Unternehmen und Branchen, indem sie Gelder für die Forschung bereitstellt.

Märkte

Die Menschen haben das Recht auf persönlichen Besitz, wie zum Beispiel …

Land

Werkstoffe

Ideen

Unternehmen

Maschinen

… und sie haben das Recht, ihren Besitz in Märkten nach den Gesetzen von Angebot und Nachfrage zu tauschen.

Die Regierung stellt zudem bestimmte Dinge bereit, die der gesamten Gesellschaft nutzen und die zumeist aus Steuergeldern bezahlt werden. Dazu gehören **Infrastrukturprojekte**, wie der Bau von Straßen, sowie **öffentliche Dienste**, wie Müllabfuhr, Bibliotheken und Bildung.

Welche Regierungsform?

In der Praxis ist die gemischte Wirtschaftsordnung in jedem Land verschieden, je nachdem ob die herrschende Regierung stark oder schwach eingreift, das heißt, wie viel Kontrolle sie über Wirtschaft, Unternehmen und sogar über Individuen ausübt.

Starkes Eingreifen der Regierung bedeutet oft **MEHR …**

Schwaches Eingreifen der Regierung bedeutet oft **WENIGER …**

… Ausgaben für öffentliche Dienste.

… Vorschriften für Unternehmen.

… Gesetze, was Menschen dürfen und was nicht.

… Steuern.

Wie stark eine Regierung eingreift, hängt auch davon ab, welche gesellschaftliche Organisationsform sie für die beste hält. Die Begriffe **links** und **rechts** werden manchmal verwendet, um diese politischen Ausrichtungen zu beschreiben.

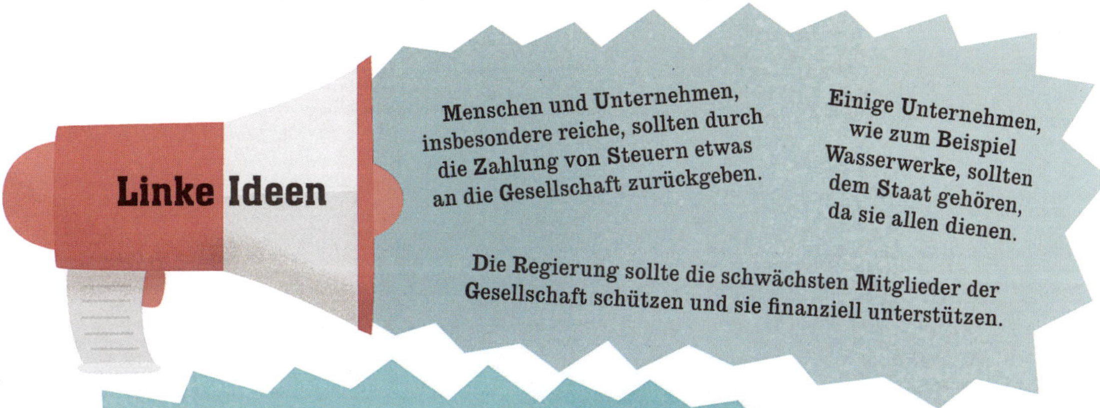
Linke Ideen
Menschen und Unternehmen, insbesondere reiche, sollten durch die Zahlung von Steuern etwas an die Gesellschaft zurückgeben.
Einige Unternehmen, wie zum Beispiel Wasserwerke, sollten dem Staat gehören, da sie allen dienen.
Die Regierung sollte die schwächsten Mitglieder der Gesellschaft schützen und sie finanziell unterstützen.

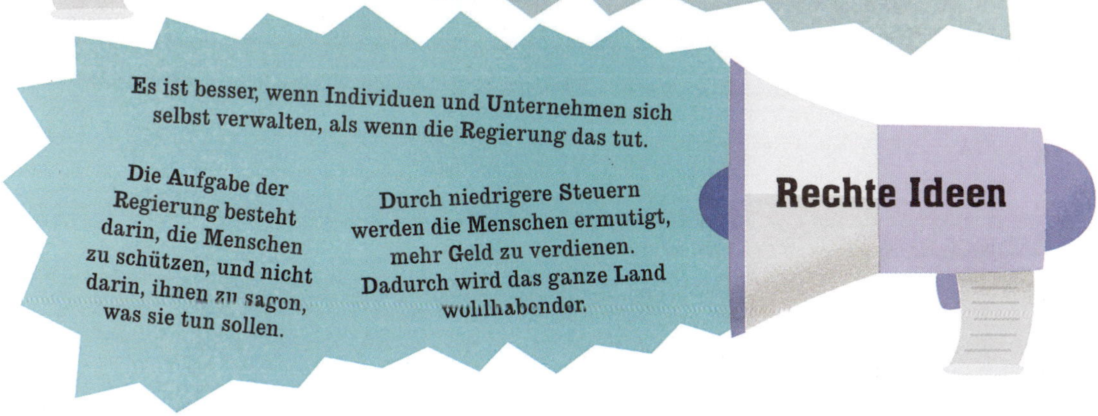
Es ist besser, wenn Individuen und Unternehmen sich selbst verwalten, als wenn die Regierung das tut.
Die Aufgabe der Regierung besteht darin, die Menschen zu schützen, und nicht darin, ihnen zu sagen, was sie tun sollen.
Durch niedrigere Steuern werden die Menschen ermutigt, mehr Geld zu verdienen. Dadurch wird das ganze Land wohlhabender.
Rechte Ideen

Die meisten Menschen und Regierungen unterstützen eine Mischung von linken und rechten Ideen. Sie sind für starke Eingriffe in bestimmten Bereichen und schwache Eingriffe in anderen.

Außen vor

Regierungen müssen versuchen, es mit einer begrenzten Menge von Geld verschiedenen Gruppen recht zu machen, die ganz unterschiedliche Wünsche und Anforderungen haben. In der Regel gelingt es ihnen, einigen Gruppen zu helfen, während andere außen vor bleiben. Dabei kann es sich um Familien, Rentner, Studenten, Erwerbslose oder Flüchtlinge handeln, wie zum Beispiel diese Familie …

Wir haben unser Land verlassen, weil das Leben dort zu gefährlich war. Dieses neue Land sagt, dass wir hier sicher sind, aber wir dürfen uns noch nicht um Arbeit bewerben …
… oder zur Schule gehen.

Kein Wirtschaftssystem der Erde ist perfekt. Ideen, wie sich die derzeitigen Systeme jedoch verbessern ließen, findest du im 6. und im 8. Kapitel.

6. Kapitel: Makroökonomie

Die **Makroökonomie** beschäftigt sich mit der Wirtschaft in ihrer Gesamtheit. Werden die Menschen reicher oder ärmer? Werden mehr Unternehmen gegründet oder geschlossen? Werden die Dinge teurer oder billiger? Und was können Regierungen tun?

Für welche Maßnahmen Regierungen sich entscheiden (und für welche nicht), wird als **Wirtschaftspolitik** bezeichnet. Wenn die Menschen eine neue Regierung wählen, ist für sie oft von Bedeutung, ob sie glauben, dass die Wirtschaftspolitik der Regierung erfolgreich sein wird.

Das große Ganze

Als Wirtschaftswissenschaftler kannst du ein Problem aus der Sicht eines Unternehmens oder einer einzelnen Person betrachten. Zum Beispiel: „Warum ist es so schwer, Arbeit zu finden?“

JOBANGEBOTE
LEHRER/-IN
MAURER/-IN
REDAKTEUR/-IN
FAHRER/-IN
Für die meisten dieser Jobs bin ich nicht qualifiziert.
Dieser Job ist viel zu weit weg.

Du kannst aber auch einen anderen Blickwinkel einnehmen und beobachten, was in der gesamten Wirtschaft vor sich geht. Zum Beispiel: „Warum ist es für VIELE Menschen so schwer, Arbeit zu finden?“

Ich bin letzte Woche entlassen worden ...
Ich habe schon seit Monaten keinen Job mehr.
Niemand stellt neue Leute ein.
Es kann daran liegen, dass Unternehmen nicht mehr so viel ausgeben ...
Meine Kundschaft ist stark zusammengeschmolzen und wir nehmen weniger Geld ein. Ich fürchte, ich muss meinen Angestellten das Urlaubsgeld streichen.
... und die Verbraucher auch nicht.
Da wir in diesem Jahr sparen müssen, kaufen wir weniger Geschenke.
Oh ...
Die Probleme scheinen alle miteinander verbunden zu sein.
Wie finde ich Arbeit, wenn die Unternehmen niemanden einstellen?
Wie kann ich jemanden einstellen, wenn mein Unternehmen nicht genug einnimmt?
Wie kann ich etwas kaufen, wenn ich keine Arbeit habe?

Wie hängen die Probleme in einer Wirtschaft zusammen? Was sind die Ursachen? Wie können sie gelöst oder verhindert werden? Mit diesen GROSSEN FRAGEN beschäftigt sich die Makroökonomie.

Bedeutende Entscheidungen

Wenn es um Fragen geht, die die Wirtschaft eines ganzen Landes betreffen, kann eine Person oder ein Unternehmen allein nicht viel ausrichten. In der Regel versuchen die Regierungen, die Wirtschaft zu verwalten, damit sie möglichst problemlos funktioniert. Die Aufgaben einer Regierung ähneln der Arbeit dieser Bäckerin:

Die Bäckerin hat eine genaue Vorstellung vom perfekten Kuchen.

Jede Regierung hat eine Vorstellung davon, wie die perfekte Wirtschaft aussieht. Zum Beispiel: mit reichlich gut bezahlten Jobs, besten Schulen und Krankenhäusern, einer sauberen, gesunden Umwelt ...

Es gibt viele verschiedene Rezepte, die die Bäckerin für ihren perfekten Kuchen ausprobieren kann.

BACKBÜCHER
Es gibt so viele!
Welches soll ich ausprobieren?

Die Minister einer Regierung können verschiedene Ideen und Systeme ausprobieren, die Wirtschaftswissenschaftler ihnen vorschlagen.

Beim Backen ist es wichtig, die Zutaten genau abzumessen. Das Gleiche gilt für die Wirtschaftspolitik, nur dass statt Mehl Dinge wie Arbeitslosigkeit gemessen werden.

Wachstum
Arbeitslosigkeit
Preise

Sowohl Bäckern als auch Regierungen stehen jedoch in einem begrenzten Arbeitsbereich jeweils nur begrenzte Zutaten zur Verfügung.

Mist, ich habe kein Geld mehr, um Mehl zu kaufen.

Manchmal läuft alles nach Plan, aber manchmal auch nicht ...

Wirtschaftspolitik zu betreiben, bedeutet eine hohe Verantwortung. Die Entscheidungen der Regierenden haben enorme Auswirkungen auf das Leben der Menschen – viel mehr als ein verbrannter Kuchen.

Wirtschaftsdaten

Wirtschaftswissenschaftler versuchen, die Bereiche einer Volkswirtschaft zu messen, um Muster und Probleme zu erkennen, die eventuell gelöst werden müssen. Ein wichtiges Maß ist der Gesamtwert aller Güter und Dienstleistungen, die in einem bestimmten Zeitraum in einer Volkswirtschaft produziert werden. Das ist das sogenannte **Bruttoinlandsprodukt (BIP)**.

Das BIP lässt sich ermitteln, indem man ausrechnet, wie viel für alles ausgegeben wurde, was in einem Land im Laufe eines Jahres produziert wurde. So setzte sich das BIP der USA im Jahr 2018 wie folgt zusammen:

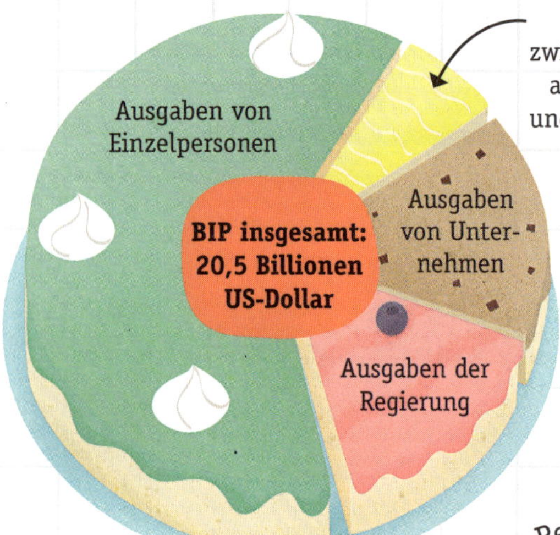

Ausgaben von Einzelpersonen
BIP insgesamt: 20,5 Billionen US-Dollar
Ausgaben von Unternehmen
Ausgaben der Regierung

Dieses Stück ist der Unterschied zwischen der Summe, die von Menschen aus dem Ausland **in das** Land fließt, und den Ausgaben, die für ausländische Waren **aus dem** Land fließen.

Eine Veränderung des BIP sagt viel aus über den Zustand einer Volkswirtschaft und die Auswirkungen auf das Leben der Menschen.

Eine Zunahme des BIP bedeutet in der Regel, dass die Unternehmen mehr produziert haben.

Unternehmen nehmen mehr Geld ein und geben auch mehr aus.
Wir werden eine Million US-Dollar für die Entwicklung eines neuen Krebsmedikaments ausgeben.

Neue Arbeitsplätze entstehen und die Arbeitnehmer haben bessere Zukunftsaussichten.
Ich habe gerade angefangen, in einem Labor zu arbeiten. Von meinem ersten Gehalt habe ich mir Inlineskates gekauft!

Die Menschen geben mehr aus und verdienen besser. Die Regierung kassiert mehr Steuergelder und kann ebenfalls mehr ausgeben.
Neues Universitätsgebäude für Naturwissenschaften

Höhere Produktionsraten und Ausgaben können einen positiven Kreislauf schaffen, in dem der allgemeine Wohlstand zunimmt. Steigt das BIP mehr als sechs Monate lang, spricht man vom **Wachstum** der Wirtschaft.

Nicht das einzige Ziel

Regierungen setzen sich oft das Ziel, ihr BIP zu steigern. Sie hoffen, dass sie dadurch den Wohlstand der Menschen anheben und ihre Lebensqualität verbessern. Das BIP misst jedoch nur die Dinge, die einen Preis haben. Eine übermäßige Konzentration auf das BIP kann dazu führen, dass VIELE andere wichtige Faktoren vergessen werden, wie zum Beispiel …

Unbezahlte Arbeit

Das BIP berücksichtigt zum Beispiel nicht die Arbeit, die Eltern zu Hause umsonst leisten, etwa wenn sie Kindern das Lesen beibringen oder die Hausarbeit erledigen.

Umwelt

Die Natur erfüllt ebenfalls viele lebenswichtige Aufgaben völlig gratis. So reinigen etwa Wälder die Luft, die wir atmen. Sie haben jedoch erst einen Wert für das BIP, wenn sie verkauft und abgeholzt werden.

Ungleichheit

In einem reichen Land mit einem hohen BIP kann es trotzdem viele arme Leute geben, wenn die Reichtümer nicht gerecht verteilt sind.

Wir müssen dafür sorgen, dass eine Steigerung des BIP nicht auf Kosten der Umwelt geht.

Eine Abnahme des BIP bedeutet meist, dass die Unternehmen weniger produziert haben.

Unternehmen nehmen weniger Geld ein. Es gibt weniger zu tun, sodass weniger Angestellte erforderlich sind.

Wir haben in diesem Jahr so wenig verkauft. Ich kann es mir nicht leisten, Sie noch weiter zu beschäftigen.

Die Zukunftsaussichten sind unsicher und die Menschen geben weniger Geld aus.

Wir sollten anfangen zu sparen, für den Fall, dass wir unoorc Arbeitsplätze verlieren.

Die Regierung hat weniger Geld, da die Menschen weniger Steuern bezahlen.

Wir können es uns nicht leisten, die Studiengebühren für alle zu übernehmen.
Vielleicht könnten wir uns Geld leihen?

Ein Sinken der Produktionsraten und Ausgaben kann einen negativen Kreislauf schaffen, in dem der allgemeine Wohlstand abnimmt. Fällt das BIP mehr als sechs Monate lang, befindet sich die Wirtschaft in einer **Rezession**. In den meisten Volkswirtschaften wechseln gute und schlechtere Zeiten einander ab.

Weitere Wirtschaftsdaten

Neben dem BIP messen Wirtschaftswissenschaftler auch viele andere Dinge, um herauszufinden, wie die Wirtschaftslage das Leben der Menschen beeinflusst. Die so ermittelten Daten werden als **volkswirtschaftliche Indikatoren** bezeichnet.

Werden Dinge teurer oder billiger?

Um das festzustellen, wird ermittelt, wie sich die Preise verschiedener Waren und Dienstleistungen in einem fiktiven Warenkorb im Laufe der Zeit ändern.

Preise gehen im Laufe der Zeit fast immer nach oben. Das wird als **Inflation** bezeichnet. Die Verbraucher merken in der Regel nicht, wenn die Preise langsam steigen, aber sie merken, wenn Dinge plötzlich sprunghaft teurer werden.

Wenn die Preise fallen, spricht man von einer **Deflation**. Das hört sich gut an, aber es bedeutet häufig, dass die Menschen weniger ausgeben. Niemand will *jetzt* Geld für etwas ausgeben, das morgen vielleicht viel billiger ist.

Wie viele Menschen sind arbeitslos?

Wenn Menschen eine Arbeit wollen, aber keinen geeigneten Arbeitsplatz finden, spricht man von Arbeitslosigkeit.

Regierungen versuchen grundsätzlich, die **Arbeitslosenquote** niedrig zu halten, aber es wird immer Menschen geben, die keine Arbeit haben.

Wie viel verdienen die Menschen?

Um das herauszufinden, wird der durchschnittliche Wochenlohn ermittelt, der gewöhnlich jedes Jahr ein bisschen ansteigt.

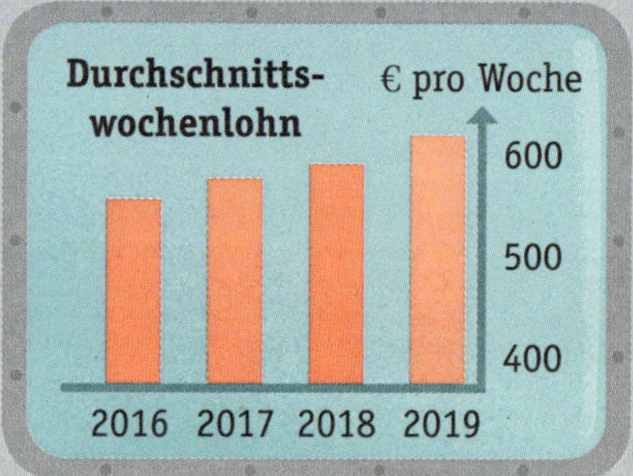

Das Gehalt wird oftmals im Verhältnis zur Inflation betrachtet. Wenn die Löhne nicht so schnell steigen wie die Preise, sind die Arbeitnehmer am Ende ärmer.

ALLE diese Zahlen ändern sich ständig, sodass die offiziellen Angaben immer nur für einen bestimmten Zeitpunkt gelten.

Was können Regierungen tun?

Regierungen können versuchen, mit **Steuern** und anderen Instrumenten die Wirtschaft zu lenken. Eine Regierung muss entscheiden, was sie besteuert und wie hoch die Steuern sein sollen.

In den meisten Ländern müssen Einzelpersonen und Unternehmen Steuern auf ihr *Einkommen*, also auf ihre Löhne oder Gewinne zahlen.

Manchmal müssen sie auch Steuern auf ihr *Vermögen* und ihre Immobilien sowie auf Dinge, die sie *kaufen* zahlen. (Die Preise fast aller Dinge, die du kaufst, enthalten eine sogenannte Mehrwertsteuer.)

Pro Jahr verdiene ich in diesem Job 20 000 Euro. Ich muss 1300 Euro an Steuern zahlen.
Dieses Geschäft macht pro Jahr rund 70 000 Euro Gewinn. Davon muss ich 4900 Euro an Steuern abgeben.
5€
Ich bezahle fünf Euro für diese Schachtel Pralinen – ein Euro davon sind Steuern.

Regierungen versuchen mithilfe von Steuern, die Wirtschaft …

… umweltfreundlicher, sicherer und gesünder zu machen.

Durch Steuern können Dinge teurer gemacht werden, die möglicherweise schädlich für die Gesellschaft sind. Verbraucher werden vom Kauf abgehalten.

Zucker
Zucker-steuer
Neuer zucker-reduzierter Kuchen

… größer zu machen.

Wenn etwa Unternehmen weniger Steuern zahlen müssen, können sie mehr ausgeben, mehr produzieren und mehr Arbeitsplätze schaffen. Das kann zu einem Wachstum der Wirtschaft führen.

… gerechter zu machen.

Die meisten Regierungen verlangen höhere Steuern von Besserverdienenden, um für Dinge zu bezahlen, die überwiegend ärmeren Menschen nutzen (mehr dazu auf Seite 82).

Ein ausgewogenes Steuersystem ist nicht leicht zu finden.

Sind die Steuern zu HOCH, suchen die Menschen nach Wegen, um sie nicht zu zahlen … indem sie das Geld beispielsweise in andere Länder bringen.

Sind die Steuern zu NIEDRIG, ist nicht genug Geld da, um neue Straßen, bessere Schulen und viele andere Dinge zu bezahlen.

Staatliche Ausgaben

Regierungen müssen entscheiden, wie sie ihr Geld ausgeben. Hier sind einige Beispiele, wofür sie es ausgeben können:

Sozialer Schutz

Unterstützung von Menschen, die zum Beispiel aufgrund von Arbeitslosigkeit, Behinderung oder Alter benachteiligt sind

Öffentliche Dienste

Dienstleistungen, die jeder braucht, wie Bildung, Gesundheitsversorgung oder Polizei

Infrastruktur

Bau und Wartung von Dingen wie Straßen, Brücken und Internetkabeln

Regierungen können Ausgaben als Instrumente einsetzen, um folgende Ziele zu verfolgen:

Umweltschutz

Ausgaben für Dinge, die die Umwelt nicht verschmutzen, wie etwa Windkraftanlagen

Gerechtigkeit

Ausgaben für Dinge, die allen Menschen bessere Möglichkeiten geben, egal ob sie arm oder reich sind

Produktivitätssteigerung

Zum Beispiel durch Ausgaben für eine Verbesserung der Internetgeschwindigkeit

Staatsschulden

Regierungen wollen oft mehr Geld ausgeben, als sie durch Steuern einnehmen können. Sie leihen dann von einer Bank oder von einem anderen Land Geld und nehmen Kredite auf. Eine Regierung kann jedoch nur eine bestimmte Menge Geld leihen, da sie die Schulden auch wieder zurückzahlen muss – und außerdem eine Art Leihgebühr, sogenannte **Zinsen**.

Im Jahr 2018 hatte die Regierung der USA Ausgaben von

4,1 Billionen US-Dollar …

wovon **390 Milliarden** US-Dollar auf die Zahlung von Zinsen entfielen.

Können wir nicht einfach MEHR Geld drucken?
Wir können ein bisschen mehr drucken, aber wenn wir zu viel drucken, verliert das Geld seinen Wert.*

Alle Regierungen leihen Geld, was im Laufe der Zeit *sehr* teuer werden kann. Daher müssen sie ein Gleichgewicht zwischen Ausgaben, Geldschöpfung und Verschuldung finden.

*Die Zentralbank, siehe Seite 83, entscheidet, wie viel Geld gedruckt wird.

Zinsen

Nicht nur Regierungen leihen Geld. Auch Unternehmen und Einzelpersonen nehmen Kredite auf und verschulden sich. Ein weiteres Instrument, mit dem die Wirtschaft gesteuert werden kann, ist die Veränderung von **Zinssätzen.** Das ist der Anteil, den Banken bekommen, wenn sie Geld verleihen.

In jedem Land gibt es eine Zentralbank. Diese versucht, die (Geschäfts-)Banken so zu beeinflussen, dass sie ihre Zinsen verändern.

Durch höhere Zinssätze wird es teurer, Geld zu leihen, durch niedrigere Zinssätze wird es billiger.

Wir möchten, dass die Zinssätze im Laufe des nächsten Jahres sinken.
Zentralbank
Okay!
Bank
TAGESANZEIGER
ZINSEN NIEDRIG WIE NIE!!!
Hm, jetzt wäre ein guter Zeitpunkt, um Geld zu leihen und ein Haus zu kaufen.

Die Senkung von Zinssätzen kann helfen, die Wirtschaft anzukurbeln. Verbraucher und Unternehmen werden ermutigt, mehr Geld zu leihen und mehr Geld auszugeben.

In der Praxis

Niemand weiß genau, was passieren wird, wenn eines dieser wirtschaftspolitischen Instrumente eingesetzt wird, da viele andere Faktoren ebenfalls eine Rolle spielen. Hier ist ein Beispiel, warum eine Zinssenkung nicht unbedingt die erhoffte Wirkung hat:

Theoretisch ...
Wir wollen die Zinssätze senken. Die Menschen werden mehr Geld leihen, mehr ausgeben und mehr produzieren. Das heißt, unsere Wirtschaft wird wachsen.
HOCH
Zinssätze
NIEDRIG
Tatsächlich ...
Mein Unternehmen hat schon hohe Schulden, also werde ich lieber keinen neuen Kredit aufnehmen.
Wir haben gerade erst eine Rezession hinter uns. Ich warte erst einmal ab, bevor ich Geld leihe, um ein Haus zu kaufen.
Die Kosten für Lebensmittel sind gestiegen, also muss ich eher sparen, anstatt Geld zu leihen und *mehr* auszugeben.

Man kann also nur ungefähr vorhersagen, wie die Instrumente wirken werden. Selbst mit den besten Absichten ist es kaum zu verhindern, dass es rund alle zehn Jahre eine Wirtschaftskrise gibt.

Krise!

Wirtschaftswissenschaftler untersuchen frühere Rezessionen, um zu verhindern, dass in der Zukunft dieselben Fehler gemacht werden. Eine der größten Rezessionen, die sogenannte Weltwirtschaftskrise, begann in den USA und breitete sich von dort über die ganze Welt aus.

Oktober 1929
Der Aktienmarkt brach zusammen.
Ich habe alle meine Ersparnisse für Unternehmensaktien ausgegeben.
Die Aktien sind jetzt nichts mehr wert.
Ich habe alles verloren.
Januar 1930
Der Rest der Wirtschaft lief auch nicht gut.
Eine Dürre hat meine gesamte Ernte zunichtegemacht.
Niemand kauft Autos. Ich musste 75 000 Arbeiter entlassen.
Januar 1931
Millionen Menschen wanderten durch das Land und suchten Arbeit.
Januar 1932
Die Krise erfasste alle Länder, die vom Handel mit den USA abhängig waren.

Viele damalige Wirtschaftswissenschaftler waren der Ansicht, dass unproduktive Unternehmen pleitegehen, während andere sich erholen und bald neue Arbeitskräfte einstellen würden. Die Wirtschaftslage besserte sich jedoch viele Jahre lang nicht. Der britische Wirtschaftswissenschaftler John Maynard Keynes lieferte folgende Erklärung:

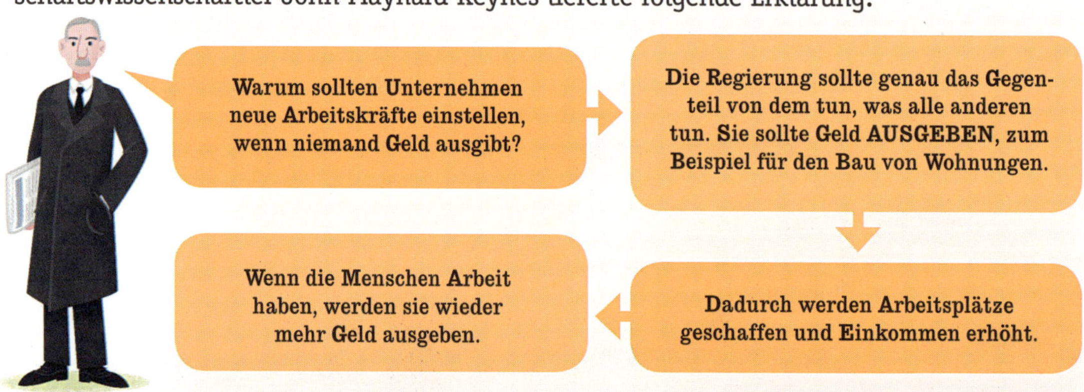
Warum sollten Unternehmen neue Arbeitskräfte einstellen, wenn niemand Geld ausgibt?
Die Regierung sollte genau das Gegenteil von dem tun, was alle anderen tun. Sie sollte Geld AUSGEBEN, zum Beispiel für den Bau von Wohnungen.
Dadurch werden Arbeitsplätze geschaffen und Einkommen erhöht.
Wenn die Menschen Arbeit haben, werden sie wieder mehr Geld ausgeben.

Der US-amerikanische Präsident Roosevelt gab über ein Jahrzehnt lang große Summen für Bauprojekte und die Schaffung von Arbeitsplätzen aus. Außerdem druckte er viel neues Geld, senkte die Zinssätze und erhöhte die Steuern. Aus diesem Grund lässt sich schwer sagen, was genau zur wirtschaftlichen Erholung führte.

Einer der Auslöser für die Weltwirtschaftskrise war die sinkende *Nachfrage*. Manchmal wird eine Krise jedoch auch durch ein sinkendes *Angebot* ausgelöst.

Im Jahr 1973 stoppten die meisten erdölproduzierenden Länder aus politischen Gründen den Verkauf von Erdöl an die USA und andere Länder.
Die Preise für Erdöl schossen in die Höhe.
HEUTE GESCHLOSSEN
Dadurch stiegen auch die Preise für alle Dinge, für deren Herstellung und Transport Erdöl nötig war. Sprich: *Alles* wurde teurer.
Steigende Preise (Inflation), zusammen mit einer Phase von hoher Arbeitslosigkeit, führten zu einer Rezession. Wirtschaftswissenschaftler wussten nicht, wie sie diese beiden Probleme lösen sollten.
Um die Preise zu senken, müssen wir dafür sorgen, dass die Menschen WENIGER ausgeben.
Also: Steuern anheben!
Zinssätze anheben!
Regierungsausgaben senken!
Damit Unternehmen wieder mehr Leute einstellen, müssen wir dafür sorgen, dass die Menschen MEHR ausgeben.
Also: Steuern senken!
Zinssätze senken!
Regierungsausgaben anheben!
In einigen Ländern wurde versucht, die Inflation zu lindern, indem die Zinssätze angehoben wurden.
Wenn Sie Geld leihen möchten, wird das für Sie richtig TEUER.
PECUNIA-BANK
20% ZINSEN
Äh, nein danke.
Die Menschen gaben weniger aus und die Preise sanken wieder, was jedoch eine Reihe von Rezessionen auslöste.
MARSCH FÜR ARBEIT
Hat sich das gelohnt? Wir haben alle sehr darunter gelitten.

Wie die Rezessionen im Laufe des 20. Jahrhunderts gezeigt haben, gibt es keine klare und einfache Lösung für die Behebung einer Krise. Regierungen und Wirtschaftswissenschaftler müssen oft zwischen zwei schlechten Möglichkeiten wählen.

Menschen und Arbeit

Rund um die Welt verbringen die meisten Menschen mehr Zeit bei der Arbeit als bei ihrer Familie. Durch Arbeit werden Samen zu Nahrungsmitteln, Baumstämme zu Papier und Ideen zu Erfindungen. Arbeit ist ein enormer Markt. Hier wird verdeutlicht, wie dieser Markt für Arbeit funktioniert:

Nachfrage nach Arbeit
FLUGZEUGFABRIK
Angebot von Arbeit
Oooh, ich liebe Flugzeuge!
Ich muss arbeiten gehen, um Geld zu verdienen und meine Familie zu versorgen.
MASCHINIST/-IN GESUCHT
BEZAHLUNG: 15 € PRO STUNDE
30 000 € PRO JAHR
Preis für Arbeit

Die Regeln der Arbeit

Zum Schutz der Arbeitnehmer erlassen Regierungen bestimmte Vorschriften, die für eine gerechtere und sichere Arbeit sorgen. Zu diesen sogenannten **Arbeitsrechten** gehören das Recht auf …

- … gerechte Bezahlung.
- … Sicherheit und Gesundheit am Arbeitsplatz.
- … bezahlten Urlaub.
- … Kindheit. (In den meisten Ländern gibt es Gesetze gegen Kinderarbeit.)

Einige Vorschriften erhöhen die Kosten für Arbeit.

HÖHERER MINDEST-LOHN!
Arbeitnehmer sollten genug verdienen, um gut davon leben zu können.
Das hört sich gut an, aber dadurch wird es für Unternehmen teurer, Personal einzustellen. Sie werden also weniger Leute einstellen oder die Arbeit ins Ausland verlagern, wo die Löhne niedriger sind.

Die Regierungen müssen stets Kosten und Nutzen der jeweiligen Vorschriften abwägen.

Arbeitslosigkeit

Nach den Gesetzen von Angebot und Nachfrage sind die Menschen theoretisch immer nur vorübergehend arbeitslos. In der THEORIE …

Wenn die Nachfrage nach Arbeit sinkt … → … verlieren die Menschen ihre Arbeit. → Folglich sind Arbeitnehmer bereit, für weniger Geld zu arbeiten. → Die Löhne sinken. Es wird günstiger, neues Personal einzustellen. → Unternehmen stellen neues Personal ein.

In der WIRKLICHKEIT sind jedoch in den meisten Ländern immer Menschen arbeitslos, manchmal ziemlich viele und manche für ziemlich lange Zeit.

Die Menschen leben nicht immer an den Orten, wo Unternehmen freie Stellen anbieten.

Wenn es Unternehmen nicht gut geht, neigt die Unternehmensführung eher dazu, *einige* Angestellte zu entlassen, als dazu, die Gehälter *aller* Angestellten zu senken.

Arbeitslosigkeit hängt von der Lage der restlichen Wirtschaft ab.

Wir befinden uns in einer Rezession! Auch wenn die Löhne niedrig sind, würde ich es nicht riskieren, neues Personal einzustellen, bevor sich die Lage gebessert hat.

Oft passen die Fähigkeiten der Arbeitsuchenden nicht mit den Anforderungen zusammen, die die Unternehmen stellen.

Ich habe meinen Job im Kohleabbau verloren. Niemand braucht meine Fähigkeiten als Bergmann.

Arbeitslosigkeit ist für die Betroffenen finanziell sehr schwierig. Häufig leiden sie auch geistig und körperlich darunter. Die Regierung steht also vor einer großen Herausforderung. Hier sind einige Beispiele, was helfen kann:

Die Wirtschaft muss angekurbelt werden. Wenn die Wirtschaft gut läuft, werden die Unternehmen mehr Leute einstellen.
Die Einstellung von Personal muss günstiger werden, zum Beispiel durch Steuersenkungen für Unternehmen.

Es müssen Umschulungsmöglichkeiten angeboten werden, damit die Arbeitsuchenden Fähigkeiten lernen, die die Unternehmen brauchen.
Unternehmen müssen Anreize erhalten, um Menschen einzustellen, die besonders große Schwierigkeiten haben, einen Job zu finden, wie junge Leute ohne Berufserfahrung.

Armut

Die meisten Menschen finden, dass jeder die Möglichkeit haben sollte, ein gutes Leben zu führen. In der Realität besitzen manche Menschen jedoch so wenig, dass sie selbst für das alltägliche Leben nicht genug haben. Die Berechnung der Armut ist der erste Schritt, um festzustellen, ob eine Wirtschaft nicht nur die reichen, sondern alle Menschen gerecht behandelt.

Wer ist arm?

Schau dir diese Familien an, die in Indien, in Großbritannien und in den USA leben …

Wir ernähren uns von Reis, der von der Regierung subventioniert wird, und von Fisch, den wir selbst fangen.
Einkommen pro Woche: 453 Rupien (5,70 Euro)
Wir müssen entscheiden, ob wir unser Geld für Essen oder für Heizkosten ausgeben.
Einkommen pro Woche: 340 Pfund (374 Euro)
Ich habe meinen Job verloren. Hoffentlich finde ich bald einen neuen. Wir können im Augenblick von unserem Ersparten leben. Außerdem haben wir ein Haus, also müssen wir keine Miete bezahlen.
Einkommen pro Woche: 0 Euro

Das Beispiel dieser Familien zeigt, dass Armut nicht nur eine Zahl ist. Die Familie in der Mitte verdient etwa 60-mal so viel wie die Familie auf der linken Seite, aber sie können beide ihre grundlegenden Bedürfnisse nicht decken. Die Familie auf der rechten Seite hat zwar zurzeit kein Einkommen, sie hat jedoch in der Vergangenheit gut verdient und wird es wahrscheinlich auch in Zukunft wieder.

Eine Definition besagt, dass du arm bist, wenn du nicht genug Geld hast, um an der Gesellschaft teilzuhaben, in der du lebst. Wer arm ist, kann sich viele grundlegende Dinge nicht leisten, wie zum Beispiel …

… Lebensmittel
… Haushaltsrechnungen
… Kleidung
… öffentliche Verkehrsmittel

Dazu gehören jedoch auch Dinge wie …

… ein einfaches Mobiltelefon
… Geschenke für Freunde und Verwandte
Für Papa
… einige Male pro Jahr essen gehen

In Deutschland lebt fast jede sechste Person an der Grenze zur Armut.

Die Armutsfalle

Wenn du arm bist, brauchst du viel mehr Können, Willensstärke und Glück, um deine Fähigkeiten optimal auszuschöpfen und dir eine sichere Lebensgrundlage zu schaffen. Andererseits ist es viel einfacher, reich zu bleiben, wenn du einmal reich bist. Ob du reich oder arm geboren bist, macht oft einen riesengroßen Unterschied:

Wenn du arm bist, ist es schwieriger, eine gute Schulbildung zu erhalten …
… die Arbeitsplätze sind schlechter bezahlt und unsicherer …
… und wenn etwas passiert, hat es schlimmere Auswirkungen.
Arm geboren
Mama, kannst du mir bei den Hausaufgaben helfen?
Tut mir leid, ich muss jetzt zu meinem Abendjob.
Das ist der beste Job, den ich kriegen konnte. Die Bezahlung ist schlecht und ich werde nie eine Beförderung bekommen.
Ich habe mir das Bein gebrochen, daher musste ich meinen Job aufgeben. Bisher habe ich noch keine neue Arbeit gefunden.
Immer noch arm
Reich geboren
Mama, kannst du mir bei den Hausaufgaben helfen?
Ich habe eine Nachhilfelehrerin gefunden, die dir helfen wird.
Ich habe gerade einen neuen, gut bezahlten Job angefangen … mit tollen Aussichten auf eine Beförderung!
Die Firma wird Ihnen ein Taxi zur Arbeit bezahlen, bis Sie wieder laufen können.
Immer noch reich

Armut ist ungerecht und zudem eine riesige Verschwendung von Fähigkeiten. Werden keine Gegenmaßnahmen ergriffen, wird der Unterschied zwischen Reich und Arm immer größer. Die **Ungleichheit** wächst.

Hier sind einige Ideen, die wirkungsvoll sein können. Es geht nicht nur um die Verteilung von Wohlstand, sondern auch um die Veränderung der Startbedingungen, damit arme Leute ihrer Armut entkommen können.

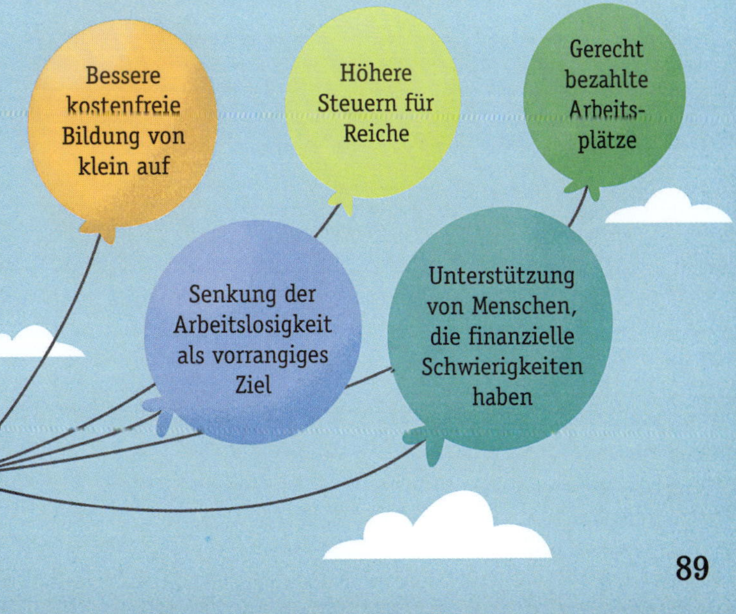

Bessere kostenfreie Bildung von klein auf
Höhere Steuern für Reiche
Gerecht bezahlte Arbeitsplätze
Senkung der Arbeitslosigkeit als vorrangiges Ziel
Unterstützung von Menschen, die finanzielle Schwierigkeiten haben

7. Kapitel: Internationaler Handel

Bereits vor Tausenden von Jahren kreuzten Schiffe über stürmische Meere, zogen Karawanen durch endlose Wüsten und rumpelten Ochsenkarren über unebene Wege. Alle diese enormen Mühen sorgten dafür, dass die Menschen nicht nur vor Ort, sondern mit der ganzen Welt **Handel treiben** konnten.

Handel verhilft den Menschen zu einer **größeren Auswahl** und zu **niedrigeren Preisen.** Außerdem bringt er wichtige Ressourcen an Orte, an denen sie unter Umständen nicht verfügbar sind. Der Handel über weite Entfernungen macht Märkte effizienter und steigert den **Wettbewerb**. Trotz dieser Vorteile kann jedoch schon allein die Vorstellung, dass Güter über Landesgrenzen hinweg gehandelt werden, durchaus umstritten sein.

Importe und Exporte

Manche Länder stellen bestimmte Waren günstiger her als andere Länder. Handel bedeutet, dass diese Waren gegen ebenfalls günstige Waren anderer Länder getauscht werden.

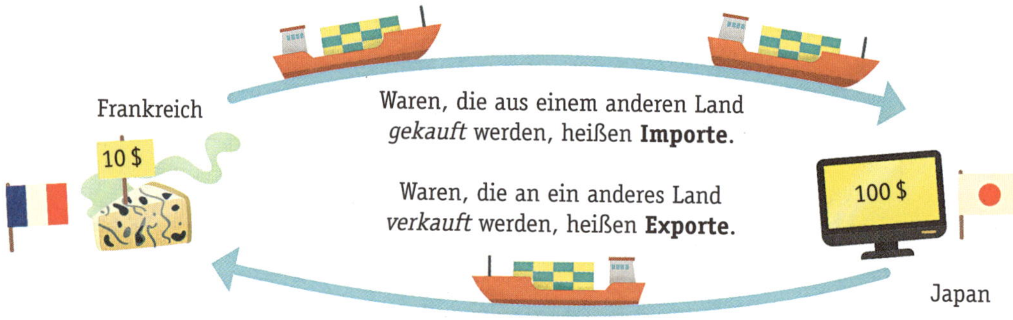

Frankreich
10 $
Waren, die aus einem anderen Land *gekauft* werden, heißen **Importe**.
Waren, die an ein anderes Land *verkauft* werden, heißen **Exporte**.
100 $
Japan

Frankreich stellt zum Beispiel Blauschimmelkäse günstiger her als Japan und Japan stellt Fernsehgeräte günstiger her als Frankreich. Da bietet es sich für französische Käsehersteller an, zusätzlichen Käse für den Export zu produzieren. Japanische Techniker hingegen können zusätzliche Fernsehgeräte produzieren und exportieren. Die Verbraucher beider Länder erhalten bessere Produkte zu einem günstigeren Preis.

Ein solcher Fernhandel ist jedoch nicht einfach. Es gibt viele logistische Hürden, die es schwieriger und teurer machen, große Warenmengen über Landesgrenzen hinweg zu transportieren (zum Beispiel Käse).

Pfui!
Das stinkt!
KÄSE

Andere Hürden werden von Ländern mit Absicht eingerichtet, um den Handel zu erschweren, zum Beispiel **Zölle**.

Wir möchten unsere hochwertigen dänischen Kämme in Amerika verkaufen.
Sie müssen uns zuerst fünf US-Dollar für jeden Kamm zahlen.
KAMM ZENTRALE
USA ZOLLAMT

Zölle schützen inländische Unternehmen, indem sie den Wettbewerb für ausländische Unternehmen teurer machen.

Ich würde gerne einmal einen dänischen Kamm ausprobieren, aber die sind so teuer!
DÄNISCHE KÄMME 6,99 $
KÄMME AUS USA 1,99 $

Zölle oder Freihandel?

Politiker sind oft versucht, Zölle einzuführen. Durch Zölle können ausländische Unternehmen ihre Waren schwerer verkaufen, was den inländischen Unternehmen zugutekommt und Wählerstimmen einbringt.

Stimmt für mich und für hohe Zölle! Ich gelobe, dass Amerikaner wieder amerikanische Produkte kaufen.
YEAH! Wir wollen unsere Jobs behalten.
Durch Zölle bleibt meine Fabrik gut im Geschäft. Ich wähle ihn!
Beschützt AMERIKANISCHE Jobs

Das mag sich gut anhören, aber Zölle sind durchaus problematisch. Viele Wirtschaftswissenschaftler sind der Überzeugung, dass Regierungen alles tun sollten, um Zölle abzuschaffen. Stattdessen sollten sie einen sogenannten **Freihandel** ohne Zölle und Handelshemmnisse verfolgen.

Freihandel sorgt für mehr Wettbewerb, wodurch alles günstiger wird.
Und wenn wir nicht alles selbst herstellen müssen, können wir uns auf die Bereiche spezialisieren, die uns am besten liegen.
Durch Zölle werden Produkte für inländische Verbraucher teurer.
Und weniger Wettbewerb bedeutet, dass es sich die geschützten Unternehmen erlauben können, weniger effizient zu arbeiten.

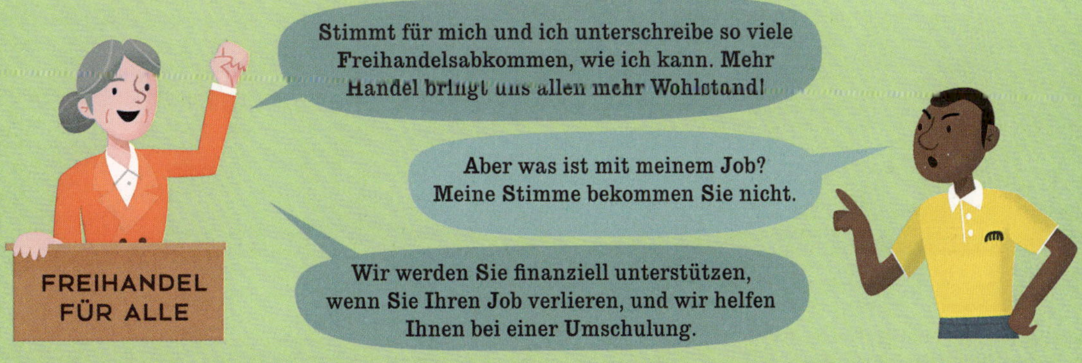

Stimmt für mich und ich unterschreibe so viele Freihandelsabkommen, wie ich kann. Mehr Handel bringt uns allen mehr Wohlstand!
Aber was ist mit meinem Job? Meine Stimme bekommen Sie nicht.
Wir werden Sie finanziell unterstützen, wenn Sie Ihren Job verlieren, und wir helfen Ihnen bei einer Umschulung.
FREIHANDEL FÜR ALLE

Seit 1945 haben sich die auf Freihandel basierenden Wirtschaftssysteme klar durchsetzen können. Trotz unterschiedlicher Auffassungen haben viele Länder die meisten Zölle abgeschafft. Sie sind heutzutage offener und zunehmend vernetzt, auch wenn in allen Ländern nach wie vor bestimmte Handelshemmnisse bestehen. Diese Entwicklung ist ein Teil der sogenannten **Globalisierung**.

Freihandel funktioniert – theoretisch

Viele Wirtschaftswissenschaftler sind überzeugt, dass Freihandel allen Menschen dient. In einer vor zwei Jahrhunderten entwickelten Wirtschaftstheorie wird das als **komparativer Kostenvorteil** bezeichnet. Das Modell funktioniert so:

Stell dir vor, Lisa und Karly haben Schiffbruch erlitten und sind auf einer einsamen Insel gestrandet. Um beide überleben zu können, müssen sie gemeinsam zwei wesentliche Aufgaben erledigen: Kokosnüsse pflücken und Fische fangen.

Karly ist in beidem sehr geschickt. Sie kann pro Tag 20 Fische fangen *oder* 20 Kokosnüsse pflücken.

Lisa ist in beidem nicht so geschickt. Sie kann pro Tag zwei Fische fangen *oder* 18 Kokosnüsse pflücken.

Karly kann besser Kokosnüsse und Fische produzieren. Lohnt es sich also für sie, dass sie sich die Arbeit mit Lisa aufteilt, wenn sie in beidem so viel geschickter ist?
Die überraschende Antwort ist **JA**. Das liegt an den *Kosten*, die ihr für die Arbeit entstehen.

Wenn Karly einen Fisch fängt, kostet sie das die gleiche Zeit, die sie bräuchte, um eine Kokosnuss zu pflücken.

Wenn Karly eine Kokosnuss pflückt, kostet es sie einen Fisch.

Wenn Lisa einen Fisch fängt, kostet sie das die gleiche Zeit, die sie bräuchte, um neun Kokosnüsse zu pflücken. Das ist **teuer.**

Wenn Lisa eine Kokosnuss pflückt, kostet sie das ein Neuntel eines Fisches. Das ist **billig.**

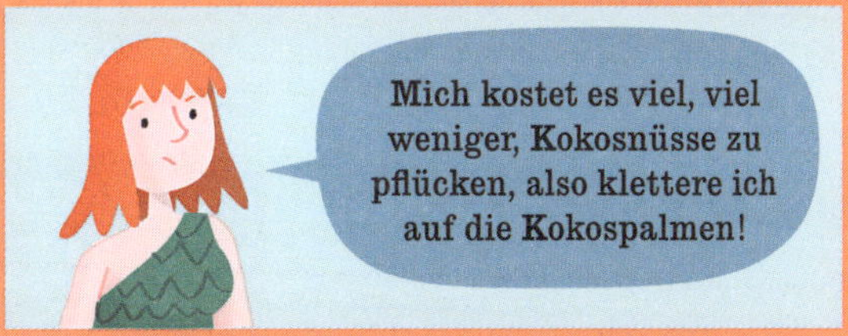

Auch wenn Karly etwas schneller im Pflücken von Kokosnüssen ist, entstehen Lisa viel geringere Opportunitätskosten (siehe Seite 16), wenn sie die Nüsse pflückt. Das ist der sogenannte **komparative Kostenvorteil.** Für beide Inselbewohnerinnen ist es also am besten, wenn sie sich bei ihrer Produktion auf das *spezialisieren*, was sie am wenigsten kostet. Was sie nicht selbst produzieren, können sie anschließend durch Tauschen bekommen.

So viel Nahrung produzieren sie in zehn Tagen, *wenn* sie sich *nicht* spezialisieren und *nicht* tauschen.

Nach zehn Tagen haben sie 110 Fische und 190 Kokosnüsse.

So viel Nahrung produzieren sie in zehn Tagen, wenn sie sich spezialisieren und tauschen.

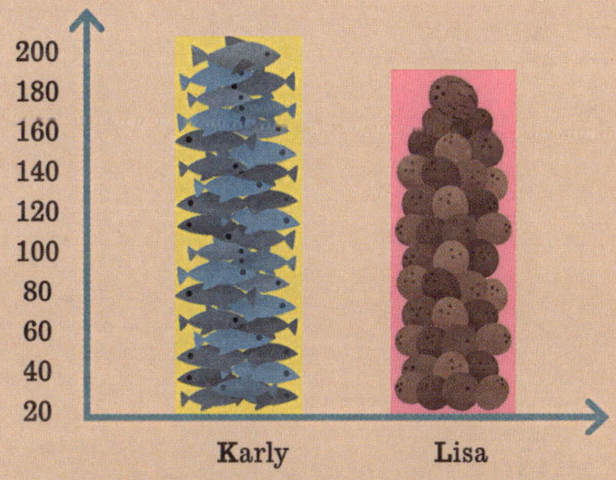

Nach zehn Tagen haben sie 200 Fische und 180 Kokosnüsse.

Der komparative Kostenvorteil funktioniert in der echten Welt genauso wie in dem Inselmodell: Wenn jedes Land frei produziert, was es am effizientesten herstellen kann, und diese Produkte dann gegen Dinge eintauscht, die es nicht so effizient herstellen kann, werden insgesamt mehr Dinge produziert, die zudem hochwertiger und günstiger sind. Das ist jedoch nur möglich, wenn Länder frei miteinander handeln. In der Theorie macht Freihandel das Leben *aller Menschen* günstiger und besser.

Gründe für Schranken

Alle Regierungen wollen eine *gewisse* Kontrolle darüber haben, was in ihrem Land verkauft wird. Daher erhalten sie einige Zölle und Handelsschranken aufrecht.

Für ein neues Unternehmen kann es sehr schwer sein, sich gegen alteingesessene Firmen durchzusetzen. Hier ist ein Beispiel von vor 60 Jahren …

Ich möchte hier in Südkorea ein Stahlwerk gründen. Internationale Unternehmen stellen jedoch besseren und günstigeren Stahl her, daher haben wir keine Chance.
Wir führen vorübergehend einen Zoll auf ausländischen Stahl ein, dann können wir hier unseren eigenen Stahl verkaufen.

Südkorea

50 Jahre lang beschützte die südkoreanische Regierung frisch geborene Unternehmen mit Zöllen. Heute sind aus ihnen weltweit agierende Stahlerzeuger geworden.

Einige Branchen könnten gefährlich sein, wenn sie von anderen Ländern kontrolliert würden.

Sorry, Sie können kein Atomkraftwerk in unserem Land bauen. Wir vertrauen Ihnen nicht.

Wir verkaufen Ihnen unseren Super-Laser nicht! Sie könnten damit auf unsere Soldaten schießen.

Die meisten Menschen finden, dass es bestimmte Dinge gibt, die niemand herstellen oder verkaufen sollte. Zumindest nicht irgendjemand. Viele Regierungen verlangen, dass Produkte nicht die Umwelt schädigen, sicher für Kinder sind und entsprechende Sicherheitshinweise tragen. Diese Maßnahmen werden als **nichttarifäre Handelshemmnisse** bezeichnet.

MESSERBÄR
MIT WINZIGEN ECHTEN MESSERN!
FÜR KINDER ALLER ALTERSSTUFEN

ZUTATEN:
ZU VIEL ZUCKER
SALZ
FETT

Handelshemmnisse führen oft zu Spannungen zwischen einzelnen Ländern. Manchmal behauptet ein Land, das andere Land hätte eine Handelsschranke ohne Grund eingerichtet. Daraus können sich ganze Handelskriege entwickeln …

Risiken eines Handelskriegs

Wenn eine Regierung hohe Zölle festlegt, reagieren andere Länder häufig mit der Einführung eigener Zölle. Die Zölle verhindern vielleicht, dass Importe ins Land kommen, aber sie unterbinden auch die Ausfuhr von Exporten aus dem jeweiligen Land.

DÄNISCHES HANDELS-MINISTERIUM
Wenn Amerika unsere Kämme nicht nimmt, erheben wir Zölle auf amerikanische Medikamente, Milchprodukte, Haarfärbemittel und Stahl.
Was haben die Dänen gemacht?! Okay, das ist ein Handelskrieg! Wir erheben Zölle auf ALLE dänischen Produkte. Mal sehen, was sie davon halten!
USA ZOLLAMT

Wenn Länder sich gegenseitig mit immer höheren Zöllen behindern, wird dieser Konflikt als **Handelskrieg** bezeichnet. Ein Handelskrieg lässt sich nur schwer gewinnen, da alle darunter leiden. Ein berühmtes Beispiel ereignete sich während der Weltwirtschaftskrise.

Im Jahr 1930 ging es amerikanischen Bauern und Fabrikanten wirtschaftlich schlecht. Um ihnen zu helfen, vervierfachte die Regierung die Zölle auf 900 Importgüter.

Die Zölle zeigten Wirkung. Amerikanische Importe ausländischer Waren fielen um 66 Prozent.

Andere Länder rächten sich jedoch ihrerseits mit Zöllen. Amerikanische Exporte fielen um 61 Prozent.

Ich kann meine Bügeleisen nicht mehr nach Übersee verkaufen. Alle Länder erheben jetzt enorme Bügeleisenzölle. Wir gehen bankrott!
Amerikanische Bügeleisen

Der internationale Handel kam zum Stillstand. Im Jahr 1934 hatte sich das amerikanische BIP halbiert und der Welthandel war um 66 Prozent zurückgegangen. Tausende von Unternehmen mussten schließen und Millionen von Menschen wurden arbeitslos. Es war eine weltweite Katastrophe.

SUPPENKÜCHE

Handelsblöcke

Manchmal schließen Gruppen von Ländern untereinander Freihandelsabkommen und bilden sogenannte **Handelsblöcke.** Beispiele dafür sind die EU in Europa oder MERCOSUR in Südamerika. Alle Mitglieder stimmen zu, frei miteinander zu handeln. Manchmal erheben Blöcke auch gemeinsame Zölle und Handelsbeschränkungen, um den Handel mit Nichtmitgliedern *teurer* zu machen.

Es hat viele Vorteile, Mitglied eines Freihandelsblocks zu sein.
Es ist so ein großer Markt, dass andere Länder mit dem Block Handel treiben wollen. Blöcke sind in der Lage, gute Bedingungen auszuhandeln.
Es ist ein GROSSER Markt. Das bedeutet niedrigere Preise für die Verbraucher und mehr Exportmöglichkeiten für Unternehmen.
Die einzelnen Länder müssen auf bestimmte eigene Regelungen verzichten, wenn sie einem Block beitreten. Manche Menschen finden das nicht gut.

Bei manchen Handelsblöcken geht es nur um den Handel von Waren und Dienstleistungen. Andere Blöcke hingegen, wie zum Beispiel die EU, erlauben den Menschen, in jedem beliebigen Mitgliedsland zu leben und zu arbeiten. Sie werden dort bezahlt und müssen dort auch ihre Steuern abgeben.

Manchmal ist ein Land der Meinung, dass ein anderes Land oder ein anderer Block sich ungerecht verhalten hat. Dann kann es sich an die **Welthandelsorganisation (World Trade Organisation, WTO)** wenden. Diese internationale Organisation regelt die Schlichtung von Handelskonflikten sowie die Aushandlung neuer Handelsabkommen.

Globalisierung

Es gibt heutzutage viel mehr internationale Handelsbeziehungen rund um die Erde. Die Bedeutung der Weltwirtschaft ist in den letzten Jahren enorm gewachsen. Das nennt man Globalisierung. Gründe für die Globalisierung sind, außer dem zunehmenden Freihandel, vor allem **Containertransport** und **Kommunikation**.

Die Erde ist zu 70 Prozent von Ozeanen bedeckt. Da bietet es sich an, Waren auf großen Schiffen zu transportieren. Rund um die Welt befördern Tausende von riesigen Frachtschiffen in **Containern** aus Metall fast alles, was du dir vorstellen kannst.

An Land übernehmen Züge den Transport von Containern.

Im Jahr 1945 dauerte es eine Woche, Frachtschiffe zu be- und entladen. Aufgrund des Containersystems kann ein viel größeres Schiff heutzutage in nur sechs Stunden entladen werden. Diese Effizienz hat zur Folge, dass der globale Handel in den letzten 70 Jahren explodiert ist.

Gesamtwert des Welthandels
57 Milliarden US-Dollar im Jahr 1954
18 Billionen US-Dollar im Jahr 2018

Durch die Erfindung von Internet und E-Mail kann man mit Menschen am anderen Ende der Welt in Sekundenschnelle kommunizieren. Ein globales Unternehmen zu führen und die Produktion über Länder hinweg zu koordinieren, ist einfacher als je zuvor.

Dein Handy ist international!

Diese Teile sind in einem Smartphone ...

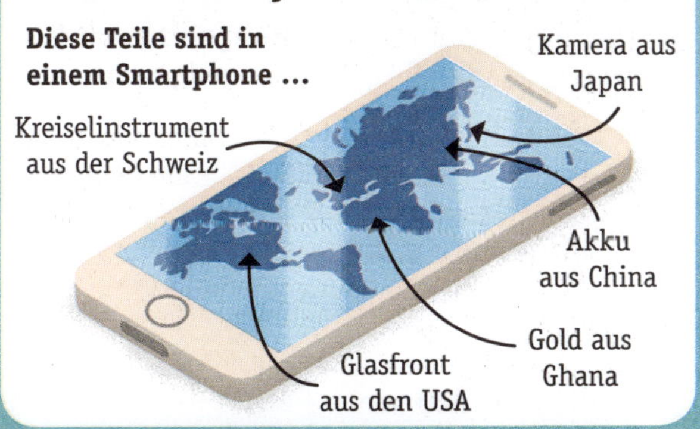
Kamera aus Japan
Kreiselinstrument aus der Schweiz
Akku aus China
Gold aus Ghana
Glasfront aus den USA

Die Theorie besagt, dass die Globalisierung die Volkswirtschaften effizienter macht. Sie hilft den Menschen auf der ganzen Welt, reicher zu werden, und stellt ihnen ein besseres, billigeres Angebot bereit. Aber ist das tatsächlich der Fall? Blättere um und finde es heraus.

Gewinner und Verlierer der Globalisierung

GEWINNER: viele Menschen

Obwohl die Weltbevölkerung enorm zugenommen hat, ist die Anzahl an Menschen, die in extremer Armut leben, *gesunken*.

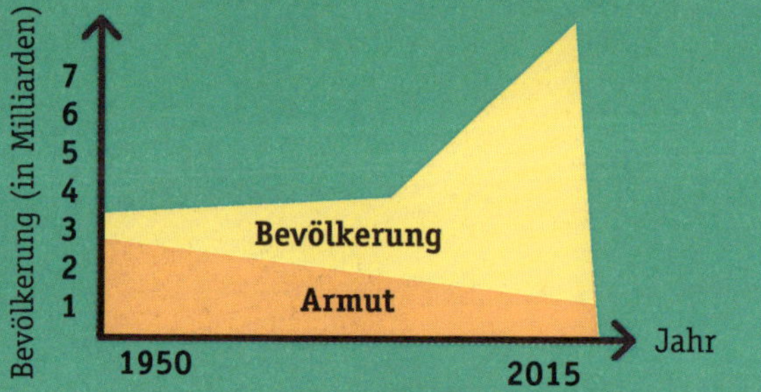

VERLIERER: Unabhängigkeit

Internationale Handelsvorschriften und -vereinbarungen schränken die Regelungen und Gesetze eines Landes ein. Andere Länder handeln nicht mit Ländern, die gegen die Vorschriften verstoßen.

VERLIERER: Verantwortlichkeit

Da die größten Unternehmen der Welt in mehreren Ländern agieren, ist es für einzelne Länder manchmal schwierig, die Unternehmen dazu zu bringen, bestimmte Vorschriften einzuhalten oder angemessene Steuern zu bezahlen.

GEWINNER: Technologie

Der Handel ermöglicht es Ländern, sich auf das zu spezialisieren, was sie am besten können, da sie nicht mehr alles selbst produzieren müssen, was sie brauchen. Im Laufe der letzten 50 Jahre hat das die schnelle technologische Entwicklung der Welt enorm beeinflusst.

In einer zunehmend vernetzten Welt breiten sich gute Ideen und Innovationen viel schneller aus. Nach der Erfindung des Schießpulvers durch die Chinesen dauerte es 300 Jahre, bis das Pulver Europa erreichte. Das würde heute nicht mehr so lange dauern.

GEWINNER: Entwicklung

Durch die Globalisierung sind in Ländern wie China, Indien und Indonesien neue Arbeitsplätze entstanden. Milliarden von Menschen konnten so einer extremen Armut entkommen.

VERLIERER: manche Arbeitskräfte

Unternehmen verlegen ihre Fabriken häufig in andere Länder mit billigeren Arbeitskräften. In vielen Fällen ist es für die ursprünglichen Arbeitskräfte schwierig, einen neuen Job zu finden oder umzuschulen. Ohne die Hilfe der Regierungen kann die Globalisierung für einzelne Städte oder sogar ganze Regionen ein schmerzhafter Prozess sein.

VERLIERER: Klima

Mehr Handel bedeutet mehr Produktion und mehr Transport. Dadurch entsteht mehr CO_2, das für die derzeitige Klimakrise verantwortlich ist.

VERLIERER: kleine Länder

Große Handelsblöcke können für sich selbst die besten Bedingungen aushandeln. Kleine Länder müssen oft zu viel schlechteren Bedingungen Handel treiben. Das Wirtschaftswachstum dieser kleinen Länder ist daher viel geringer.

GEWINNER: Zusammenarbeit

Für einen florierenden Handel müssen Länder zusammenarbeiten. Wenn sie kooperieren, können sie auch große Probleme wie Migration und Klimawandel angehen.

VERLIERER: *zu* spezialisiert

Manchmal sind (insbesondere ärmere) Länder gezwungen, sich auf den Export eines einzigen Wirtschaftsguts zu spezialisieren, etwa Gold, Kaffee oder Bananen. Es ist jedoch gefährlich, nur von einem Exportprodukt abhängig zu sein. Die Wirtschaftslage kann sich schnell ändern, wenn sich die Preise oder die Vorlieben der Menschen ändern.

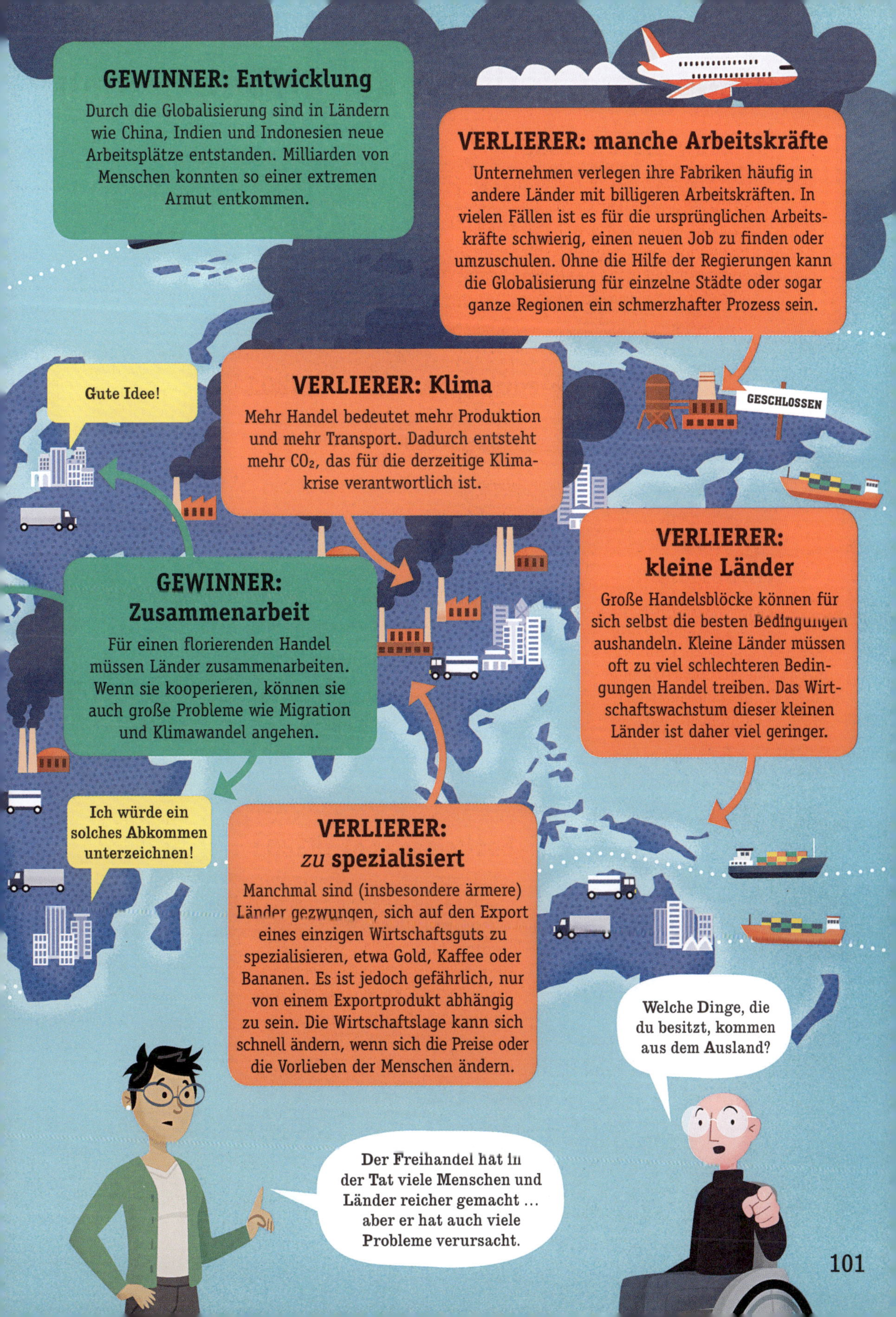
GESCHLOSSEN
Gute Idee!
Ich würde ein solches Abkommen unterzeichnen!
Welche Dinge, die du besitzt, kommen aus dem Ausland?
Der Freihandel hat in der Tat viele Menschen und Länder reicher gemacht … aber er hat auch viele Probleme verursacht.

8. Kapitel: Große Fragen (und einige Antworten)

Die Menge der Fragen, mit denen sich die Wirtschaftswissenschaften beschäftigen, ist schier unendlich. Wirtschaftswissenschaftler nutzen ihre Kenntnisse, um die großen und kleinen Probleme unserer heutigen Zeit zu analysieren.

Dieses Kapitel erkundet einige dieser Fragen und versucht, Antworten zu finden, die uns in Zukunft helfen können.

Wie können wir unsere Erde retten?

Bei der Verbrennung von Erdöl, Kohle und anderen fossilen Brennstoffen entsteht CO_2. Dieses Gas ist für die Erwärmung unseres Klimas verantwortlich. Wir wissen das seit Jahrzehnten, aber trotzdem verbrauchen wir jedes Jahr immer mehr fossile Brennstoffe.

Wir erfinden sogar neue Methoden, wie wir sie aus dem Boden bekommen.
Das ist eine riesige Geschäftschance. Wir können MILLIARDEN verdienen!
2018 warnten Wissenschaftler der Vereinten Nationen, dass die Erderwärmung bis 2030 verheerende Umweltschäden verursachen wird, wenn nichts dagegen getan wird.
Aber sind wir in der Lage, rechtzeitig etwas zu verändern?
Jede Veränderung ist schwierig. Menschen, Unternehmen und Nationen mögen keine Maßnahmen, die sie auf kurze Sicht ärmer machen.
Nein zu Treibstoffsteuern
Umweltsteuern machen Benzin zu teuer!
Es ist schwierig, große Gruppen davon zu überzeugen, sich freiwillig einzuschränken und zusammenzuarbeiten, auch wenn es sehr sinnvoll wäre.
Das ist ungerecht. Die REICHEN Länder, die die Umwelt am meisten verschmutzen, sollten sich stärker einschränken.
Wir schränken uns nur ein, wenn ALLE ANDEREN es auch tun.
Die Märkte allein bewirken keine Verhaltensänderung, weil die Unternehmen und die Menschen nicht die VOLLEN Kosten für ihre Entscheidungen tragen.
Vielleicht NOCH nicht! Den Menschen gelingt es einfach nicht, an die Schäden zu denken, die sie in Hinsicht auf die ZUKUNFT anrichten.
Aber wir haben nicht die Zeit und die Möglichkeit, ein völlig neues System zu entwickeln, wie wir unsere Ressourcen nutzen.
Also müssen wir mit dem arbeiten, was wir haben.

Es ist nicht zu spät. Noch haben wir Zeit, etwas zu verändern. Wenn genügend Menschen sich dafür ENTSCHEIDEN, ihre Konsumgewohnheiten zu ändern, werden die Märkte und Unternehmen darauf reagieren.

Einzelne Verbraucher können …

… aufs Fliegen verzichten. Flugverkehr ist die am schnellsten wachsende Ursache für Verschmutzung durch CO_2.

… weniger Fleisch essen. Landwirtschaftliche Tierhaltung verbraucht enorme Mengen von Ressourcen und Land.

… Dinge reparieren, anstatt sie wegzuwerfen. Dadurch werden Ressourcen eingespart.

… lokal angebaute Produkte kaufen, auch wenn sie teurer sind. Das verringert die Umweltverschmutzung, die durch den Transport entsteht.

Die wichtigsten Entscheidungen müssen jedoch von den einzelnen *Gesellschaften* getroffen werden. Nur Regierungen können Gesetze erlassen oder Steuern anheben, um die Anreize für ALLE zu verändern. Hier ist eine Idee: die Einführung einer weltweiten Steuer für die Nutzung fossiler Brennstoffe.

Diese Steuer wird als CO_2-Preis bezeichnet.

Sie müssen mir für jede Tonne CO_2-Ausstoß, die Ihr Erdöl verursacht, 1000 US-Dollar geben.

Ist der CO_2-Preis hoch genug, wird die Nutzung und Produktion fossiler Brennstoffe zu teuer, um Gewinn einzubringen. Überhaupt nicht begeistert von dieser Idee sind …

- Erdölunternehmen, die ihr Erdöl nicht mehr billig verkaufen könnten.
- Länder, die von fossilen Brennstoffen für den Export abhängen.
- Unternehmen und Menschen, die billige fossile Brennstoffe nutzen.

Menschen, die gegen diese Veränderungen sind, führen oft wirtschaftliche Argumente an. Sie sagen: „Die Veränderungen sind zu teuer. Menschen werden ihre Jobs verlieren." Aber es gibt überzeugende wirtschaftliche Gründe für die Entwicklung von Alternativen zu fossilen Brennstoffen.

Der britische „Stern-Report", der die wirtschaftlichen Folgen der globalen Erwärmung untersucht, schätzt die Kosten für den Klimawandel, wenn jetzt gehandelt wird, auf **zwei Prozent des weltweiten BIP.**

Wenn mehrere Jahrzehnte gewartet wird, um erst dann gegen den Klimawandel vorzugehen, schätzt der Report die Kosten auf **20 Prozent des weltweiten BIP.**

Wie fangen Kriege an?

Seit jeher brachen Kriege aus den verschiedensten politischen, historischen und sogar psychologischen Gründen aus. Die meisten Kriege hatten jedoch auch *wirtschaftliche* Ursachen.

Ressourcen

Kriege waren ein wichtiger Teil der Wirtschaft des Römischen Reiches. Rom profitierte in großem Umfang von Luxusgütern, Bodenschätzen und Getreide aus den Gebieten, die das Reich erobert hatte. Heutzutage kämpfen Länder um die Kontrolle über wertvolle Ressourcen wie Ölfelder.

Freies Brot für alle, zur Feier meines Sieges über Persien!

Internationaler Handel

Im 19. Jahrhundert machte das Britische Weltreich enorme Gewinne, indem es die hochgradig abhängig machende Droge Opium an China verkaufte.

Als der Kaiser von China den Opiumhandel zum Schutz seines Volkes verbot, fielen die britischen Truppen 1839 und 1856 in China ein, um den lukrativen Handel mit der Droge aufrechtzuerhalten.

Unerhört! Die Chinesen wollen, dass wir ihnen kein Opium mehr verkaufen!

Knappheit und Bestechung

Einer der Gründe für den Bürgerkrieg in Syrien, der 2011 begann, war eine schlimme Trockenheit. Durch akuten Wassermangel kam es zu Missernten. Die Bauern flohen in die Städte, aber auch dort wurden Nahrung und Arbeitsplätze immer knapper.

Darüber hinaus waren die Menschen unzufrieden mit der Regierung, da diese Jobs, Nahrung und Ressourcen ungerecht verteilte.

2011 kam es zu den ersten Massenprotesten gegen die Regierung. Die Regierung antwortete mit Gewalt und ein Bürgerkrieg brach aus.

Die Brunnenanlage gehört meiner Familie!
Nein, jetzt gehört sie der Regierung!

So können Kriege vermieden werden

Wirtschaftswissenschaftler beschäftigten sich unter anderem mit der **Spieltheorie** (siehe Seite 63), um vorhersagen zu können, wie sich ein Atomkrieg gewinnen ließe. Das Ergebnis besagte, dass man gewinnen kann, *ohne Krieg zu führen*.

Zwischen 1945 und 1991 war die Lage zwischen den USA und der Sowjetunion (Russland und andere Länder) ausgesprochen angespannt. Das lag zum Teil daran, dass beide Länder Atomwaffen besaßen.

Mithilfe der Spieltheorie wurde die Situation untersucht: Zwei Seiten mussten wählen, ob sie das Vertrauen der gegnerischen Seite missbrauchen oder honorieren wollten.

Ich liebe Vertrauensbruch! Wir sollten sie zuerst angreifen, bevor sie uns angreifen!

Es zeigte sich, dass es die logischste Lösung war, *immer* das Vertrauen zu missbrauchen, wenn man dem anderen Spieler nicht trauen konnte.

Beide Seiten wussten also, dass es der logischste Schritt für ihren Feind war, einen atomaren Überraschungskrieg anzufangen.

Ende der Welt

Der Theorie zufolge konnte ein Angriff nur vermieden werden, wenn beide Seiten *so viele* Bomben wie möglich bauten. Dadurch wussten beide Länder, dass es unmöglich wäre, einen Krieg zu überleben.

Dieses Mittel wird als Abschreckung bezeichnet.

Dadurch wurden die Anreize wirkungslos, die andere Seite anzugreifen, was schließlich zu einer Kooperation führte.

Manche Wirtschaftswissenschaftler sind der Meinung, dass Kriege auch durch Welthandel vermieden werden können.

Je mehr Handel ein Land mit anderen Ländern treibt, umso unwahrscheinlicher ist es, dass es einen Krieg mit seinen Handelspartnern anfängt.
Das ist richtig. Für Länder, die voneinander abhängig sind, steht bei einem Konflikt viel mehr auf dem Spiel.
Und wenn ein Land den Handel mit einem anderen beendet, hat das eine starke Signalwirkung, ohne dass es zu einem tatsächlichen Kampf kommt.
Das stimmt. Aber es kann genauso verheerende Auswirkungen wie ein Krieg haben, wenn ein Land vom internationalen Handel abgeschnitten wird.

Warum ist Technologie so wichtig?

Viele Menschen sind fasziniert von neuen Gadgets. Manche kampieren sogar nachts vor einem Geschäft, um morgens zu den ersten Besitzern eines neuen Handys zu gehören. Aber für niemanden ist Technologie so faszinierend wie für einen Wirtschaftswissenschaftler, auch wenn es sich nur um eine elektrische Waschmaschine handelt.

Seit ihrer Erfindung vor über 100 Jahren hat die elektrische Waschmaschine …

… SO VIEL Zeit eingespart, insbesondere für Frauen, die die Hausarbeit erledigen. Jetzt haben sie mehr Zeit, um einer bezahlten Arbeit außerhalb des Hauses nachzugehen.

… die Art der Arbeit verändert, die Frauen ausführen. In den 1870er-Jahren arbeiteten rund 50 Prozent aller werktätigen Frauen als Haushaltsangestellte. Heute ist es weniger als ein Prozent.

Neue Maschinen, Ideen und Arbeitsweisen können das Leben der Menschen verändern. Sie ermöglichen den Menschen zudem, aus weniger mehr zu machen, worauf das Wachstum einer Wirtschaft beruht. Regierungen können dies fördern, indem sie …

… Infrastrukturen bereitstellen, etwa Breitband-Internetverbindungen.

… Forschungsprojekte finanzieren.

… Ideen durch Gesetze schützen. So können Menschen neue Dinge entwickeln, ohne Angst zu haben, dass ihre Ideen gestohlen werden.

Wie steht es um die Arbeitsplätze?

Ich habe früher als Haushälterin gearbeitet, aber heute braucht mich niemand mehr.
Das tut mir leid, Mama, aber *für mich* war es gut …

In den meisten Volkswirtschaften werden jedes Jahr ungefähr ein Zehntel aller Arbeitsplätze durch neue Technologien vernichtet und ungefähr genauso viele neu geschaffen. Wenn jedoch in einer Stadt eine Fabrik schließt, werden viele Menschen arbeitslos … falls sie nicht von der Regierung unterstützt werden.

Im Laufe der Geschichte haben die Menschen sich immer Sorgen gemacht, dass die Technologie irgendwann mehr Arbeitsplätze auslöscht, als neue geschaffen werden können. Bisher ist das jedoch noch nicht passiert.

Ist Ungleichheit in Ordnung?

Wirtschaftswissenschaftler sind nicht die Einzigen, die wirtschaftliche Fragen beantworten können. Der amerikanische Philosoph John Rawls untersuchte zum Beispiel, wie Menschen über Ungleichheit denken, indem er sie bat, sich eine ideale Welt vorzustellen.

1 In dieser Welt gibt es zwei gleich große Gruppen, die „Reicheren" und die „Ärmeren".

2 DU wirst in dieser Welt leben, *nachdem* du die folgende Frage beantwortet hast: „Wie reich sollten die Gruppen jeweils sein?"

3 Durch das Werfen einer Münze wird entschieden, zu welcher Gruppe du gehören wirst.

In vielen Ländern entwarfen die Teilnehmer dieser Untersuchung eine Welt mit einer gewissen Ungleichheit, in der die Reichen ein bisschen mehr verdienten als die Armen, aber nicht zu viel mehr. Hier sind einige der angegebenen Gründe:

Es ist *gerecht*, dass Menschen, die mehr oder besser arbeiten, dafür belohnt werden.
Ja, aber wenn der Boss eines Unternehmens hundertmal mehr verdient als eine ungelernte Arbeitskraft, dann ist das *ungerecht*. Auch für einen Boss gibt es eine Grenze, was er an einem Tag erreichen kann!
Ungleichheit kann die Menschen auch *motivieren*. Harte Arbeit, gute Ideen und Risikobereitschaft müssen belohnt werden, sonst geben sich die Menschen keine Mühe.
Wenn du aber weißt, dass du ganz unten stehst, kann das auch *demotivieren*. Insbesondere wenn du denkst, dass du dich niemals hocharbeiten kannst, egal wie viel Mühe du dir gibst.
Okay, eine *gewisse* Ungleichheit ist also gut, aber nicht zu viel.

Interessanterweise waren diese fiktiven – aber immer noch ungleichen – Welten viel gleicher, als es die *reale* Welt ist. Und die reale Welt ist viel ungleicher, als die meisten Menschen denken. Eine US-amerikanische Untersuchung aus dem Jahr 2017 zeigte, dass die Menschen dachten, die reichsten 20 Prozent der Bevölkerung …

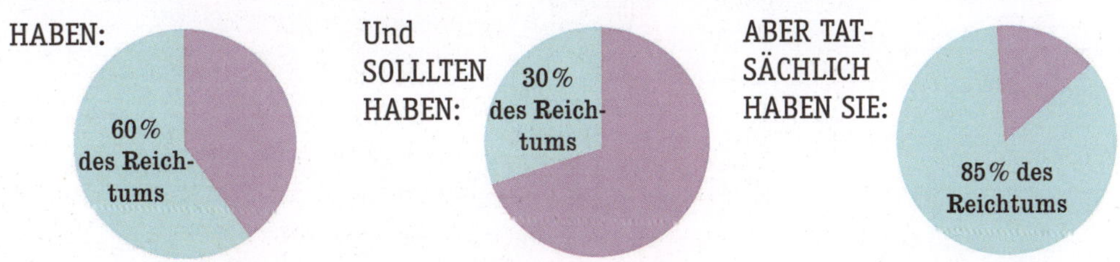
HABEN:
60 % des Reichtums
Und SOLLLTEN HABEN:
30 % des Reichtums
ABER TATSÄCHLICH HABEN SIE:
85 % des Reichtums

Selbst wenn die Menschen meinen, dass eine *gewisse* Ungleichheit okay ist, erscheint diese Verteilung ungerecht. Glaubst du, dass jeder Mensch in deinem Land eine gerechte Chance hat, reich, erfolgreich oder glücklich zu werden?

Werden unsere Ressourcen knapp?

Die Erde kann nur eine bestimmte Menge der Ressourcen ersetzen, die wir jedes Jahr verbrauchen. Das Global Footprint Network ist eine Gruppe von Wissenschaftlern, die jedes Jahr den Tag errechnen, an dem wir die Ressourcen des laufenden Jahres verbraucht haben.

Im Jahr 2019 war dieser sogenannte „Welterschöpfungstag" der 29. Juli – das früheste Datum, das jemals errechnet wurde. Das bedeutet, dass wir im Jahr 2019 die Ressourcen der Erde 1,75-mal schneller verbraucht haben, als sie ersetzt werden können.

Die Forschergruppe berechnet unseren Verbrauch, indem sie unseren *gesamten* Konsum betrachtet. Dazu gehört auch die Kapazität des Waldes, das von uns ausgestoßene CO_2 aufzunehmen. Die Forscher berechnen zudem, wie viele Erden wir bräuchten, wenn *jeder* genauso leben würde wie die Menschen in einigen der reichsten Länder im Jahr 2019.

USA	5,2 Erden
Australien	4,1 Erden
Russland	3,2 Erden
Japan	2,8 Erden
Vereinigtes Königreich	2,7 Erden
China	2,2 Erden
Brasilien	1,7 Erden
Indien	0,7 Erden
Durchschnitt der Welt	1,75 Erden

Es ist natürlich nicht möglich, dass wir mehrere Erden verbrauchen. Wenn die Nachfrage nach knappen Ressourcen steigt, werden ihre Preise steigen. Das sollte dazu führen, dass die Menschen auf andere Ressourcen umsteigen und neue Technologien entwickeln. Da wir eben nur eine einzige Erde haben, schlagen manche Menschen eine andere Lösung vor: Wir müssen uns einen neuen Planeten suchen.

Unser Sonnensystem enthält mehr Ressourcen, als wir uns jemals wünschen könnten. Auch wenn Reisen ins All heute noch extrem teuer sind, ist es gut möglich, dass es sich durch die Entwicklung neuer Technologien bald lohnt, auf Asteroiden Mineralien oder auf Kometen Wasser zu gewinnen. Selbst Bergwerke auf dem Mond könnten Wirklichkeit werden.

(16) Psyche ist ein Asteroid, der sich zwischen Mars und Jupiter befindet. Es wird angenommen, dass er ganz aus Metall besteht, vor allem aus Eisen, Nickel und Gold. Der Asteroid hat einen geschätzten Wert von 650 000 000 000 000 000 000 Euro. Das ist ein enormes Vermögen, das ausreichend wäre, jedem der 7,6 Milliarden Menschen auf der Erde 86 Milliarden Euro zu geben.

Wenn jeder plötzlich so viel Geld hätte, würde das die gesamte Weltwirtschaft zerstören.

Ist es eine gute Idee, auf den Mars zu ziehen?

Gute wirtschaftliche Gründe für einen Umzug auf den Mars zu finden, ist etwas schwieriger. Da der Mars so weit weg ist, würde es sehr viel Geld kosten, insbesondere da Ausrüstung und Verpflegung mitgenommen werden müssten. Die Gewinnung anderer Ressourcen aus dem All wäre im Vergleich weitaus günstiger.

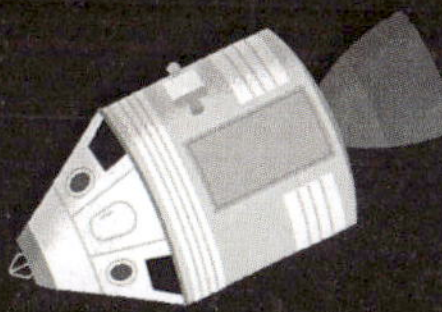

Aber das sollte uns nicht davon abhalten, zu versuchen, den Mars zu erkunden. Die ersten Mondlandungen haben zwar auch (noch) nicht zu einer Besiedlung des Mondes geführt, aber die enormen Investitionen in die Erforschung des Weltraums haben viele Entwicklungen hervorgebracht, die unser Leben auf der Erde heute einfacher machen.

- Sonnenkollektoren
- tragbare Staubsauger
- Formgedächtnismatratzen
- Computertomografie
- kratzfestes Glas
- kabellose Kopfhörer
- Ohrthermometer
- Notebooks
- Computermaus
- Leuchtdioden
- Wasserfilter
- Muttermilchersatz

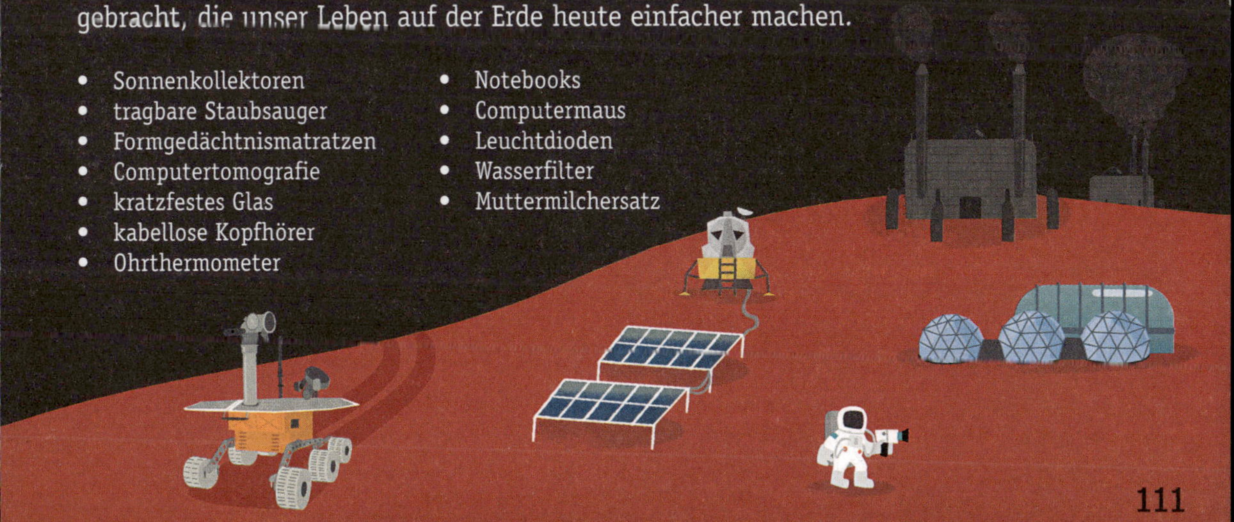

So viele Fragen ...

Wirtschaftswissenschaftler beschäftigen sich mit unzähligen Fragen. Manche dieser Fragen scheinen zunächst gar nichts mit Wirtschaft zu tun zu haben. Zum Beispiel:

Welches ist der beste Geburtsmonat?

SEPTEMBER

Wenn du auf der nördlichen Erdhalbkugel im September geboren bist, hast du besonderes Glück gehabt. Forscher haben herausgefunden, dass Septemberkinder selbstbewusster sind, bessere Chancen haben, eine Universität zu besuchen, und am seltensten im Gefängnis landen.

Da in den meisten Ländern das Schuljahr im September beginnt, sind Septemberkinder die ältesten in der Klasse. Besonders in den frühen Entwicklungsjahren kann dieser kleine Vorsprung eine enorme Rolle spielen und für eine bleibende Stärkung des Selbstbewusstseins sorgen.

Ich bin größer und stärker als alle anderen!

Die gleiche Regel gilt auch für den Sport. Professionelle Fußballspieler beispielsweise sind häufig im Januar geboren. Januar ist der Startmonat für die Einteilung der Altersgruppen im Fußball.

In Amerika sind professionelle Baseballspieler aus demselben Grund eher im August geboren.

Was verursacht Hungersnöte?

Wenn es in einer Stadt, einer Region oder einem Land nicht genug Nahrung gibt, um die dortigen Menschen zu ernähren, spricht man von einer Hungersnot. Der indische Ökonom Amartya Sen hat viele Hungersnöte analysiert und dabei eine überraschende Feststellung gemacht.

Hungersnöte entstehen NICHT, weil es nicht genug Nahrung gibt.
Sie entstehen, weil sich die Preise für Nahrung oder Arbeit ändern und die Menschen es sich nicht mehr leisten können, ihre Familien zu ernähren.

Selbst wenn genug Nahrung produziert wird, kann es trotzdem sein, dass Menschen verhungern, da Hungersnöte in der Regel durch Probleme bei der Nahrungsverteilung entstehen.

Sen erlebte in den 1940er-Jahren selbst eine Hungersnot im indischen Bundesstaat Bengalen. Trotz einer überdurchschnittlichen Reisernte starben damals Millionen von Menschen. Das lag daran, dass die Arbeitslöhne nicht mit dem steigenden Preis für Reis Schritt halten konnten.

Für seine bahnbrechende Forschung wurde Sen im Jahr 1998 mit dem Nobelpreis für Wirtschaftswissenschaften ausgezeichnet.

Solltest du dich immer auf deine erste Eingebung verlassen?

Untersuchungen haben gezeigt, dass 75 Prozent der Studenten in Prüfungen glauben, dass die erste Antwort, die ihnen einfällt, die richtige ist.

Die Französische Revolution war im Jahr … 1776?
Äh! Oder war es 1789?

Leider haben die Studenten *unrecht*. Experimente im Laufe der letzten 100 Jahre haben erwiesen, dass die Menschen ihre Antworten verbessern können, wenn sie nicht der ersten Eingebung folgen, sondern ihre Meinung noch einmal ändern. Das führt öfter von einem Falsch zu einem Richtig als umgekehrt.

Warum sind Instagram-Influencer so erfolgreich?

Influencer (von engl. to influence = beeinflussen) sind ganz normale Menschen, die über soziale Medien ihren Lebensstil vermarkten und Produkte verkaufen. Das Wirtschaftssegment der Influencer ist weltweit viele Milliarden Dollar wert.

Der exzentrische amerikanische Ökonom Thorstein Veblen entdeckte einen der Hauptgründe für ihren Erfolg übrigens bereits vor über 100 Jahren.

Er war der Ansicht, dass Menschen Dinge erwerben, um mit ihrem Reichtum zu protzen, und stets Dinge kaufen wollen, die sie sich nicht leisten können. Er nannte dieses Verhalten **Geltungskonsum**.

In der Vergangenheit versuchten die Menschen lediglich, ihre unmittelbaren Nachbarn zu übertrumpfen. In den sozialen Netzwerken erreichen erfolgreiche Influencer jedoch *Millionen* von Menschen. Viele Unternehmen haben die Werbeleistung erkannt, die das mit sich bringt.

So funktioniert die Beeinflussung:

Unternehmen stellen Influencern und Influencerinnen teure Produkte zur Verfügung – häufig kostenlos.

200 €

Die Influencerin trägt das Produkt in einem Video. Ihre Fans sehen eine ziemlich normale Person, die eine coole, teure Sonnenbrille trägt.

Die Fans eifern der Influencerin nach und kaufen sich die gleiche Sonnenbrille.

Im Internet erfordert der spontane Kauf eines teuren Produktes nur wenige Mausklicks. Sei also vorsichtig. Clevere Werbung ist überall versteckt.

Wer oder was bleibt außen vor?

Woran auch immer es im Einzelfall liegt – an Menschen, die entscheiden, wie sie ihr Geld ausgeben; an Unternehmen, die auswählen, wen sie einstellen; oder an Regierungen, die wirtschaftspolitische Entscheidungen treffen. Es gibt immer Menschen oder Dinge, die außen vor bleiben.

Informelle Märkte

Manche Arbeitskräfte und Unternehmen sind unsichtbar: Sie sind nicht offiziell eingetragen und bezahlen keine Steuern. Dadurch wird es für die Regierung schwieriger, die Wirtschaft zu messen. Außerdem kann sie die Unternehmen nicht kontrollieren und die Arbeitskräfte nicht schützen.

Ich würde dieses Geschäft gern ausbauen, aber ich habe keine Erlaubnis von der Regierung, daher kann ich auch kein Geld von der Bank leihen.
Ich kümmere mich Tag und Nacht um mein Baby, aber niemand bezahlt mich dafür.

Frauen ...

Die Vernachlässigung bestimmter Gruppen kann dazu führen, dass Regierungen ungerechte Entscheidungen treffen. Wenn eine Regierung etwa die Ausgaben für Kleinkindbetreuung kürzt, sind meist Frauen stärker betroffen als Männer.

Ich muss meinen Job aufgeben, um mich um Karl zu kümmern.

... und Hautfarbe

Wenn Menschen aufgrund ihres Geschlechts oder ihrer Herkunft nicht die gleichen Möglichkeiten, Löhne und Rechte haben, wird das als **Diskriminierung** bezeichnet.

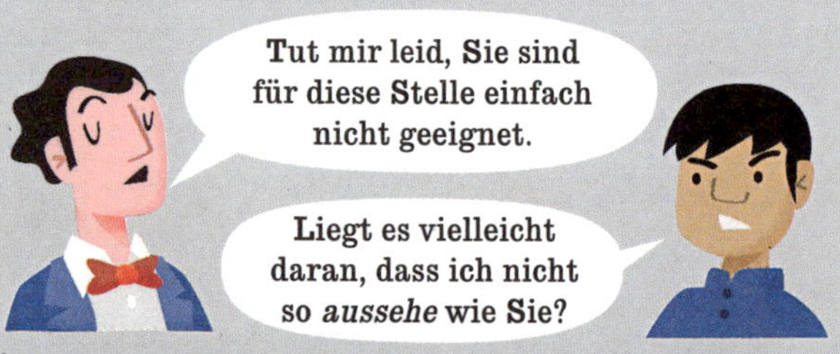
Tut mir leid, Sie sind für diese Stelle einfach nicht geeignet.
Liegt es vielleicht daran, dass ich nicht so *aussehe* wie Sie?

Diese Art von Diskriminierung kann in bestimmten Gruppen zu einer höheren Arbeitslosigkeit führen. Unternehmen nutzen zudem die Fähigkeiten der Menschen nicht optimal aus.

Banken

Bis vor kurzer Zeit haben Forscher die Banken oft nicht beachtet, wenn sie ein wirtschaftswissenschaftliches Modell erstellten. Das lag zum Teil daran, dass das Bankwesen ausgesprochen kompliziert ist. Hauptsächlich gingen die Wissenschaftler jedoch davon aus, dass Banken im Allgemeinen einfach nur ihre Arbeit machen: Sie helfen den Menschen, Geld zu sparen und Geld zu leihen. Das schien auch zu funktionieren, bis es im Jahr 2007 zu einer Bankenkrise kam, von der die ganze Weltwirtschaft betroffen war.

Viele amerikanische und europäische Banken brachen beinahe zusammen, nachdem sie zu große Risiken eingegangen waren und viel Geld verloren hatten.

→ Die Banken verliehen kein Geld mehr, Unternehmen mussten schließen und Menschen verloren ihre Arbeitsplätze und Wohnungen. In vielen Ländern kam es zu einer Rezession.

→ Wirtschaftswissenschaftler hatten Probleme, geeignete Modelle zu dieser Krise und ihren Folgen zu erstellen und Lösungen vorzuschlagen.

Seitdem versuchen Wissenschaftler, Modelle zu den Gefahren zu entwickeln, die von Banken ausgehen können.
Und Regierungen haben Vorschriften erlassen, die die Banken dazu zwingen, geringere Risiken einzugehen.
Ich brauche dieses Holz.
Halt! Wir haben wirklich hart für dich gearbeitet!

Natur

Es ist einfach, die Natur als etwas ganz Selbstverständliches anzusehen. Sie liefert jedoch die Ressourcen für *alles*, was produziert wird, und verwandelt den Abfall wieder in Ressourcen zurück. Hier sind einige Beispiele:

Bäume wandeln verschmutzte Luft in saubere Luft um.

Der Boden filtert und reinigt das Wasser und lässt die meisten Nutzpflanzen wachsen.

Fressfeinde fressen die Schädlinge, die die Ernten zerstören.

Wenn die Menschen durch Konsum und Produktion zu viel Abfall produzieren oder zu viele Ressourcen verbrauchen, bedroht das die Arbeit, die die Natur *für uns* leistet. Wirtschaftswissenschaftler sprechen hier von externen Effekten (siehe Seite 64) und untersuchen diese „unsichtbaren“ Teile der Wirtschaft.

Große Fragen

Einige Wirtschaftswissenschaftler diskutieren GROSSE Fragen, wie diese: „Wann ist eine Volkswirtschaft erfolgreich?“ Hier sind ganz unterschiedliche Antworten:

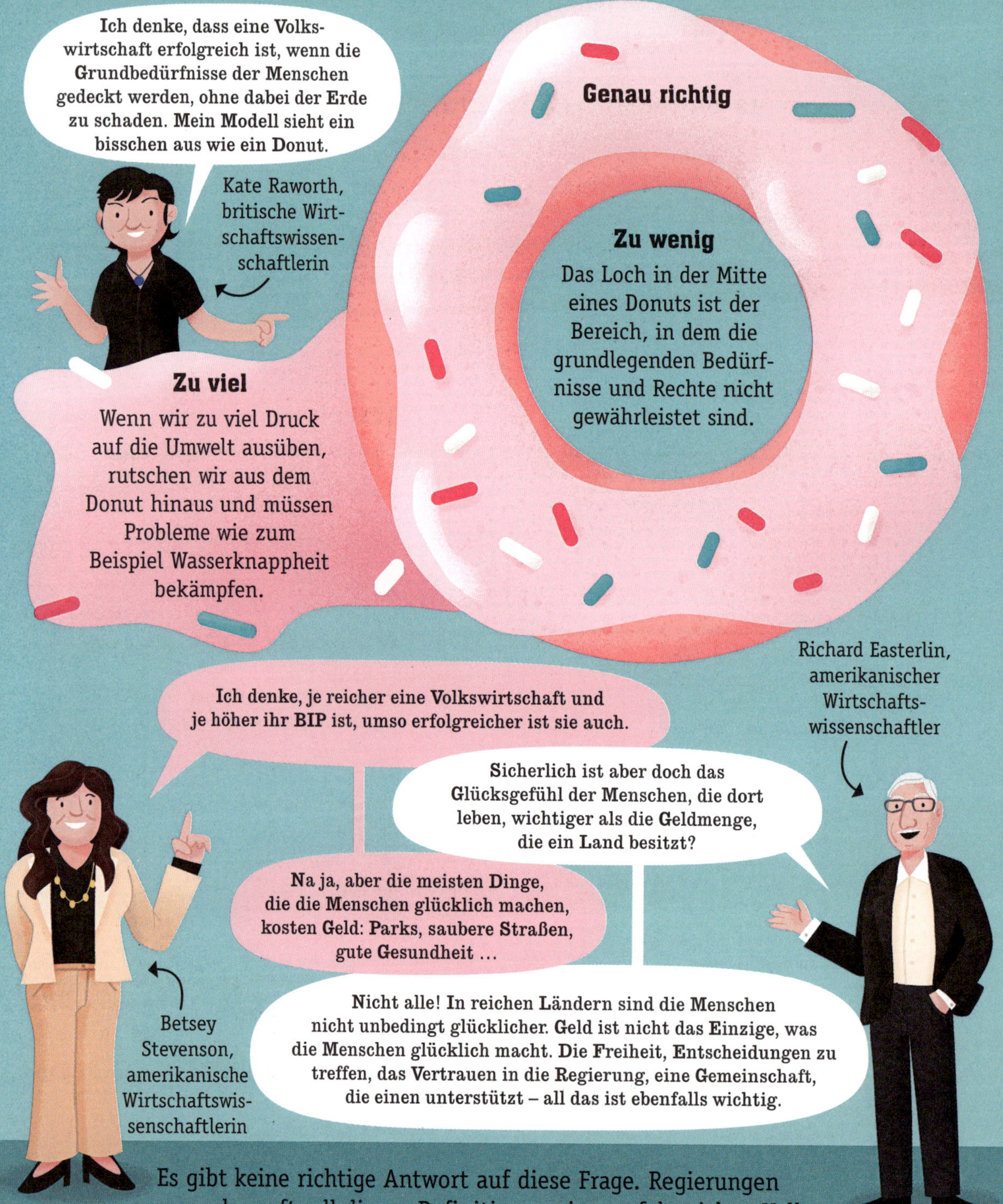
Ich denke, dass eine Volkswirtschaft erfolgreich ist, wenn die Grundbedürfnisse der Menschen gedeckt werden, ohne dabei der Erde zu schaden. Mein Modell sieht ein bisschen aus wie ein Donut.
Kate Raworth, britische Wirtschaftswissenschaftlerin
Genau richtig
Zu wenig
Das Loch in der Mitte eines Donuts ist der Bereich, in dem die grundlegenden Bedürfnisse und Rechte nicht gewährleistet sind.
Zu viel
Wenn wir zu viel Druck auf die Umwelt ausüben, rutschen wir aus dem Donut hinaus und müssen Probleme wie zum Beispiel Wasserknappheit bekämpfen.
Richard Easterlin, amerikanischer Wirtschaftswissenschaftler
Ich denke, je reicher eine Volkswirtschaft und je höher ihr BIP ist, umso erfolgreicher ist sie auch.
Sicherlich ist aber doch das Glücksgefühl der Menschen, die dort leben, wichtiger als die Geldmenge, die ein Land besitzt?
Na ja, aber die meisten Dinge, die die Menschen glücklich machen, kosten Geld: Parks, saubere Straßen, gute Gesundheit …
Nicht alle! In reichen Ländern sind die Menschen nicht unbedingt glücklicher. Geld ist nicht das Einzige, was die Menschen glücklich macht. Die Freiheit, Entscheidungen zu treffen, das Vertrauen in die Regierung, eine Gemeinschaft, die einen unterstützt – all das ist ebenfalls wichtig.
Betsey Stevenson, amerikanische Wirtschaftswissenschaftlerin

Es gibt keine richtige Antwort auf diese Frage. Regierungen versuchen oft, all diesen Definitionen einer erfolgreichen Volkswirtschaft gerecht zu werden.

Kleine Fragen

Andere Wirtschaftswissenschaftler konzentrieren sich auf viel kleinere Fragen. Im Jahr 2003 gründeten der Wirtschaftswissenschaftler Abhijit Banerjee aus Indien und seine Kollegin Esther Duflo aus Frankreich das sogenannte Poverty Action Lab. Dieses Forschungszentrum testet praktische Lösungen auf Fragen wie: „Wie bringen wir mehr Menschen dazu, zum Schutz vor Malaria ein Moskitonetz zu verwenden?"

Das Problem: Malaria ist eine Krankheit, die von infizierten Moskitos übertragen wird. Im Jahr 2017 gab es weltweit 219 Millionen Krankheitsfälle, ungefähr 435 000 Menschen starben an der Krankheit.

Moskitonetze, die mit Insektiziden behandelt sind, sind eine wirkungsvolle Methode zum Schutz vor Malaria, aber viele Menschen haben keine Netze.

Die Frage:

Welchen Preis würden die meisten Menschen für ein Moskitonetz bezahlen?

Gratis?

Würden die Menschen eher ein Netz nutzen, wenn sie einen geringen Preis dafür bezahlt hätten?

Das Poverty Action Lab will **BEWEISE** dafür liefern können, dass eine Lösung tatsächlich funktioniert, bevor es sie empfiehlt.

Wir nutzen ähnliche Methoden wie viele Mediziner, die neue Medikamente testen: zufällige, kontrollierte Studien. In unserer Testreihe vergeben wir an vergleichbare Testpersonen nach dem Zufallsprinzip entweder ein kostenloses Netz oder eins, das 60 Cent kostet.

Wir wollen herausfinden, ob mehr Menschen ein Netz nutzen, wenn sie dafür bezahlen müssen, da es ihnen dadurch wertvoller erscheint.

Der Test: Um herauszufinden, welchen Einfluss der Preis eines Netzes auf die tatsächliche Verwendung hat, wurde Testpersonen nach dem Zufallsprinzip entweder Option A ...

... oder Option B angeboten.

A. 100% bezuschusst GRATIS

B. 90% bezuschusst 0,60 €

Das Ergebnis:
65 Prozent der Teilnehmer nahmen Option A an, aber nur 15 Prozent Option B. Die Menschen nutzten die Netze gleich viel, unabhängig davon, ob sie gratis waren oder nicht. So war es also *wirksamer*, die Netze gratis zu verteilen.

Die Welt besser verstehen

Die Welt ist groß, kompliziert und verändert sich ständig. Die Wirtschaftswissenschaften beschäftigen sich damit, die Zusammenhänge besser zu erkennen. Hier sind einige Tipps, wie du die Welt besser verstehen kannst, indem du Zahlen vergleichst oder Fakten hinterfragst.

Vergleichen

Wenn eine Zahl ganz allein steht, lässt sich schwer beurteilen, wie groß oder klein sie ist. Suche also stets nach einer Vergleichsgröße.

TAGESKURIER
KILLERKROKODILE FRASSEN 161 MENSCHEN IM JAHR 2017

Das hört sich viel an, aber im Vergleich zu anderen Tieren sind Krokodile für Menschen nicht besonders gefährlich. Moskitos, die Krankheiten übertragen, töten ungefähr 400 000 Menschen pro Jahr.

Teilen

Eine große Zahl lässt sich besser begreifen, wenn sie durch eine Gesamtheit, etwa durch die gesamte Bevölkerung geteilt wird.

China produzierte im Jahr 2017 2720-mal mehr CO_2-Emissionen als Island.
Das ist untragbar. China muss aufhören, die Erde zu verschmutzen.

Wenn du die Zahl jedoch durch die jeweilige Einwohnerzahl des Landes teilst, produziert China *pro Person* 1,5-mal weniger an CO_2-Emissionen als Island. Dadurch kann sich deine Sichtweise auf ein Problem grundlegend ändern.

Extreme Maßstäbe

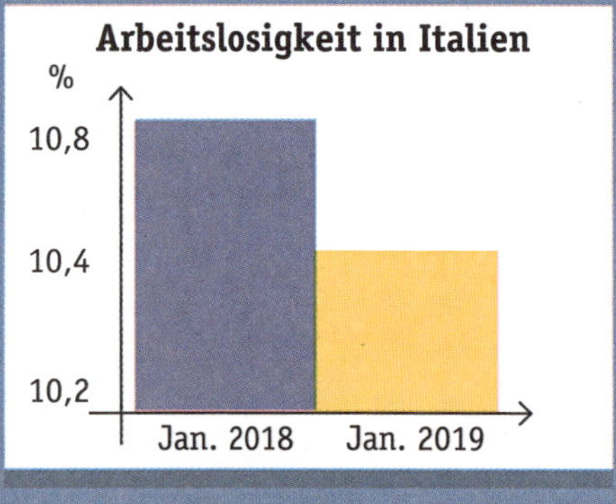
Arbeitslosigkeit in Italien
%
10,8
10,4
10,2
Jan. 2018
Jan. 2019

Auf dieser Grafik sieht es so aus, als hätte sich die Arbeitslosigkeit in einem Jahr halbiert. Tatsächlich ist sie jedoch nur um **0,4 Prozentpunkte** gesunken.

Fehlende oder alte Daten

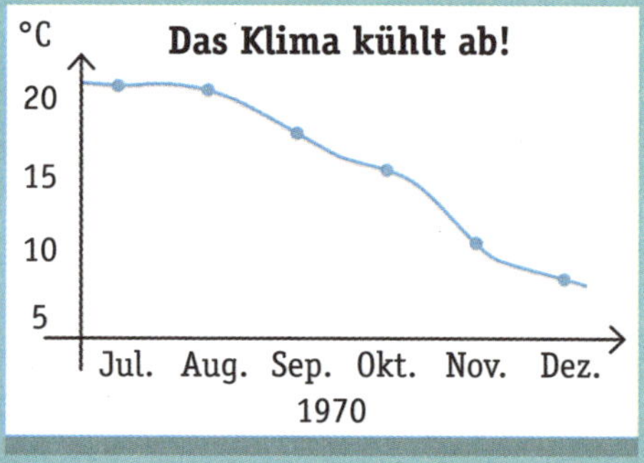
°C
Das Klima kühlt ab!
20
15
10
5
Jul.
Aug.
Sep.
Okt.
Nov.
Dez.
1970

Diese Grafik zeigt, dass die Temperatur absinkt, aber nur für die Hälfte des Jahres von Sommer bis Winter … was ganz natürlich ist. Die Daten sind zudem rund 50 Jahre alt.

Vermeide **Verallgemeinerungen** oder ungenaue Aussagen über bestimmte Gruppen von Menschen, Dingen oder Ländern.
Das ist ein äußerst gewalttätiges Land. Jeden Tag wird in den Nachrichten von unzähligen Verbrechen berichtet. Wir müssen mehr Geld in die Polizei investieren.
Tatsächlich sinkt die Kriminalitätsrate seit 20 Jahren kontinuierlich.
Prüfe immer die Fakten, bevor du eine Schlussfolgerung ziehst.
Sei immer bereit, deine Meinung zu ändern. So bist du offen für neue Ideen. Das heißt jedoch nicht, dass du dich allzu leicht von anderen Menschen beeinflussen lassen solltest.
Du siehst doch ein, dass die Zahnfee keine Steuern zahlen muss?
Wie kannst du nur eine andere Meinung haben als ich! Ich bin nicht mehr deine Freundin!
Die Zahnfee spendet nämlich Geld für wohltätige Zwecke.
Hm, so habe ich das noch nie betrachtet.
Verurteile Menschen oder Unternehmen nicht für ihre Entscheidungen, sondern finde heraus, *warum* sie sie getroffen haben.
Denke darüber nach, was ihre **Anreize** waren.
Wenn du ihre Entscheidungen in der Zukunft ändern willst, musst du überlegen, wie du ihre Anreize ändern kannst.
Änderst du ihre Anreize nicht, werden sie in der Zukunft wahrscheinlich wieder dieselben schlechten Entscheidungen treffen.

Wie geht es weiter?

Die Wirtschaftswissenschaften sind recht kompliziert. Jetzt verfügst du jedoch über die richtigen Werkzeuge, um sie besser zu verstehen und sie in deinem Leben selbst *anzuwenden* …

um politische Aussagen zu hinterfragen …
Wir werden die Steuern senken und unsere Ausgaben erhöhen.
Das wird nicht klappen!
… und deine Eltern zu verblüffen.
Geh jetzt dein Zimmer aufräumen!
Hast du dabei über die Opportunitätskosten nachgedacht? Ich könnte auch meine Hausaufgaben machen.
… um schwierige Probleme zu verstehen …
LADEN
DIE ZEITUNG
INTERNET-RIESE ZAHLT NUR 1,7 MIO. EURO STEUERN
Einzelhandel stirbt
Kleine Unternehmen in der Krise!
Regierungen müssen zusammenarbeiten, um multinationale Unternehmen angemessen zu besteuern.
Das gefällt mir gar nicht. Ich glaube, ich gehe woanders einkaufen.
… und zu diskutieren, wie sie gelöst werden können.

… um deine eigenen Entscheidungen zu treffen …
Kommst du heute Abend mit zur Bürgerversammlung?
… und große Entscheidungen mit anderen gemeinsam zu treffen.
Wenn wir alle gemeinsam handeln, gibt es nichts, was wir nicht schaffen.
Wir müssen leben, ohne die Erde zu zerstören.
Wir müssen Regeln finden, die uns das ermöglichen.
Mithilfe der Wirtschaftswissenschaften können wir herausfinden, was funktioniert und was nicht.
Auch wenn es noch so viel gibt, was wir noch nicht wissen.
Aber das ist okay. Die Wirtschaftswissenschaften werden NIEMALS überflüssig sein, da es immer wieder neue Fragen geben wird.
Was bedeutet, dass wir VIELE tolle neue Ideen brauchen.
Auch von dir! Was willst DU als Nächstes lernen?

Worterklärungen

Hier findest du Erklärungen für einige Begriffe, die in diesem Buch vorkommen. Wörter in *kursiver* Schrift werden in anderen Einträgen erläutert.

Angebot: die verfügbare Menge einer Sache, die in einem *Markt* gekauft werden kann

Anreiz: Belohnung, die Menschen dazu bringt, bestimmte Entscheidungen zu treffen

Arbeit: alle Arten von Tätigkeiten, die Menschen ausüben, wenn sie etwas *produzieren*, z. B. körperliche Arbeit, das Ausdenken von Ideen oder das Anleiten und Beraten anderer Menschen

Arbeitslosenquote: die Anzahl an Menschen in einem Wirtschaftssystem, die zu einem bestimmten Zeitpunkt keine *Arbeit* haben

Armut: wenn Menschen nicht genug Geld für die grundlegenden Bedürfnisse haben, wie z. B. Nahrung und Wohnraum

BIP: Bruttoinlandsprodukt; der gesamte Wert an Gütern, die von allen Menschen und Unternehmen in einem Land produziert werden

externe Effekte: negative oder positive Auswirkungen wirtschaftlicher Entscheidungen auf unbeteiligte Dritte. Bei negativen externen Effekten handelt es sich um ein *Marktversagen*, da der Preis des Produktes nicht die wahren Kosten widerspiegelt.

gemischte Wirtschaftsordnung: wenn sowohl Regierung als auch Unternehmen Dinge produzieren bzw. Einfluss auf die Produktionsbedingungen nehmen

Gewinn: das Geld, das ein Unternehmen verdient, nachdem die Kosten vom *Einkommen* abgezogen wurden

Globalisierung: die zunehmende Vernetzung von Ländern und *Volkswirtschaften* in der ganzen Welt

Handel: der Kauf und Verkauf von Produkten in einem *Markt*

Handelsblock: wenn sich zwei oder mehr Länder auf bestimmte gemeinsame Regeln in Bezug auf ihre *Märkte* einigen, wie z. B. gemeinsame Zölle oder Regulierungen

Handelskrieg: wenn zwei oder mehr Länder *Zölle* auf die Produkte des jeweils anderen Landes erheben

Inflation: wenn Preise für Dinge im Laufe der Zeit steigen und das Geld an Wert verliert

Infrastruktur: Straßennetze, Stromversorgung, Polizei und andere Einrichtungen, die die Menschen in einer Gemeinschaft brauchen, aber selten direkt dafür bezahlen

Kapital: alles, was dir hilft, Dinge effizienter zu *produzieren*, wie z. B. Geld, aber auch komplexe Technologien oder sogar schlaue Ideen

Kapitalismus: ein Wirtschaftssystem, in dem nicht die Regierung, sondern Privatpersonen und Unternehmen die *Produktion* steuern

Knappheit: die Tatsache, dass von den meisten *Ressourcen* und Produkten nicht genug vorhanden ist, um die Nachfrage zu decken. Das bedeutet, dass Menschen Entscheidungen treffen müssen, was sie haben wollen und wie sie die Dinge aufteilen.

Kommunismus: ein *Wirtschaftssystem*, in dem die Regierung die *Produktion* steuert, weil sie annimmt, dadurch mehr Gerechtigkeit für alle zu schaffen

Kosten: wie viel Geld ein Unternehmen für die *Produktion* ausgibt

Makroökonomie: die Wissenschaft, die sich mit den Entscheidungen beschäftigt, die die Wirtschaft eines ganzen Landes oder sogar der ganzen Welt betreffen

Markt: jeder Ort, an dem Menschen oder Unternehmen Dinge kaufen und verkaufen, sei es in Läden, in Büros oder im Internet

Marktversagen: wenn etwas in einem *Markt* für Käufer oder Verkäufer ungerecht oder unsicher ist

Marktwirtschaft: eine Wirtschaftsordnung, in der *Angebot* und *Nachfrage* über den *Handel* und die Verteilung von Wirtschaftsgütern bestimmen. In der *kapitalistisch* geprägten „freien Marktwirtschaft" mischt sich der Staat überhaupt nicht ein, in der „sozialen Marktwirtschaft", einer gemischten Wirtschaftsordnung, ergreift der Staat Maßnahmen, um Schwächere zu schützen.

Mikroökonomie: die Wissenschaft, die sich mit den Entscheidungen beschäftigt, die Unternehmen, Haushalte oder kleine *Wirtschaftssysteme* betreffen

Modell: ein vereinfachtes Abbild der Wirklichkeit, mit dem Ideen geprüft und Antworten auf Fragen gefunden werden können

Monopol: wenn ein einziges Unternehmen einen *Markt* beherrscht

Nachfrage: wie viele Menschen eine bestimmte Sache haben wollen

Nutzen: die Berechnung des Wertes, den Menschen bestimmten Entscheidungen zuordnen

Oligopol: wenn nur wenige Unternehmen einen *Markt* beherrschen

Opportunitätskosten: Jede Entscheidung, die eine Person trifft, bedeutet, dass sie eine andere Möglichkeit nicht wahrnehmen kann. Die entgangenen Erlöse sind die Opportunitätskosten.

Produktion: der Prozess, wenn eine *Ressource* in ein Gut umgewandelt wird, um *Handel* zu treiben

Regulierung: von Regierungen erlassene Regeln und Vorschriften, um *Märkte* gerecht zu machen und einzelne Unternehmen davon abzuhalten, zu mächtig zu werden

Ressourcen: alles, was Menschen zum Überleben und für die *Produktion* brauchen

Spezialisierung: wenn eine Person, ein Unternehmen oder ein Land sich auf die *Produktion* bestimmter Dinge konzentriert

Steuern: Geld, das Einzelpersonen und Unternehmen an die Regierung zahlen müssen

Subvention: ein Anreiz in Form von Geld, der von einer Regierung an Menschen oder Unternehmen gezahlt wird

Überschuss: wenn Personen, Unternehmen oder Regierungen mehr von einer *Ressource* haben, als sie brauchen

Umsatz: auch Erlös genannt; das Geld, das ein Unternehmen durch die *Produktion* von Dingen verdient

Ungleichheit: wenn manche Menschen oder Länder im Durchschnitt reicher sind als andere Menschen und Länder

Volkswirtschaft: die Wirtschaft eines Landes oder der ganzen Welt

Wirtschaftssystem: jede Gemeinschaft von Menschen, die Dinge verbraucht, *produziert* und damit *Handel* treibt

Zinsen: eine bestimmte Summe, die Menschen, Unternehmen oder Regierungen zusätzlich zu der geliehenen Gesamtsumme an jemanden zurückzahlen müssen, von dem sie Geld geliehen haben

Zinssatz: ein Prozentsatz, in der Regel von einer Zentralbank festgelegt, an dem sich die Banken orientieren müssen, wenn sie entscheiden, wie viel *Zinsen* sie für ihre Kredite verlangen und wie viel *Zinsen* sie ihren Kunden für ihre Guthaben zahlen

Zölle: Abgaben, die an die Regierung eines Landes gezahlt werden müssen, wenn jemand Waren ins Land bringen will

Jobs in der Wirtschaft

Wer Wirtschaftswissenschaften studiert, möchte verstehen, wie Menschen, Märkte und Regierungen funktionieren. Nach dem Studium kannst du in allen möglichen Jobs landen, von denen viele sehr gut bezahlt sind und manche unglaublich viel Macht mit sich bringen.

Aktienhändler/-in: kauft und verkauft im Auftrag von Kunden Aktien an einer Börse und berät die Kunden, was sie kaufen oder verkaufen sollen

Baukostenkalkulator/-in: berät und überwacht alle Stufen eines Bauprojekts

Beamter/-in: arbeitet für die Regierung, damit diese bestimmte Maßnahmen ausführen und das Land effizient regieren kann

Buchhalter/-in: hilft den Menschen dabei, immer genau zu wissen, wie viel Geld sie verdient, gespart und ausgegeben haben, arbeitet für Einzelpersonen, Unternehmen und sogar für Regierungen

Finanzanalyst/-in: untersucht Märkte, Unternehmen und staatliche Regulierungen, um z. B. vorherzusagen, welche Regelungen welche Auswirkungen haben werden oder auf welcher Grundlage Unternehmen oder Privatleute am besten entscheiden, wie sie ihr Geld anlegen

Geschäftsführer/-in: leitet ein Unternehmen oder eine Organisation

Politiker/-in: vertritt die Meinungen von Bürgern oder einer politischen Partei und wandelt Strategien in Gesetze um. Viele Politiker/-innen sind studierte Wirtschaftswissenschaftler/-innen.

Statistiker/-in: erforscht alle Arten von Daten, analysiert, was die Daten enthalten, und veröffentlicht die Ergebnisse, z. B. um zu prüfen, wie wirksam bestimmte Maßnahmen sind

Strategieberater/-in: hilft Unternehmen und anderen Organisationen dabei, ihre Effizienz zu steigern

Unternehmensentwickler/-in: berät Unternehmen und andere Organisation dabei, wie sie am besten wachsen und wie sie ihre Beziehungen zu anderen Unternehmen verbessern, damit alle wachsen können

Versicherungsmathematiker/-in: beurteilt, wie wahrscheinlich Ereignisse in der Zukunft passieren werden, z. B. wie lange eine Person lebt

Wirtschaftsstratege/-in: entwickelt und prüft neue Ideen, wie die Welt besser und gerechter wird

Wirtschaftswissenschaftler/-in: beschäftigt sich mit Wirtschaftswissenschaften, schreibt wirtschaftswissenschaftliche Artikel und ist oftmals auch in der Lehre tätig

Register

Impressum

Text:
Lara Bryan & Andy Prentice

Illustrationen:
Federico Mariani

Redaktion:
Alex Frith

Gestaltung: Jamie Ball &
Freya Harrison

Wirtschaftsexperten:
David Stallibrass,
First Principles Economics
Pedro Serôdio,
University of Middlesex

Redaktionsleitung:
Jane Chisholm

Leiter der Gestaltung:
Stephen Moncrieff

Übersetzung aus dem Englischen: Jutta Vogt
Redaktion der deutschen Ausgabe: Andreas Rode
Satz der deutschen Ausgabe: Tanja Haaf
Fachliche Beratung der deutschen Ausgabe: Florian Kirch
Projektbetreuung: Cornelia Steuer, Danica Utermöhlen und Birgit Zimmerer

4. Auflage 2025